Die Herausforderung des Mana...

...eineit

Robson Antonio Tavares Costa
Sting Ray Gouveia

Die Herausforderung des Managers im Prozess der Umsetzung von Barrierefreiheit

Kosten und Steuern in privaten Hochschuleinrichtungen

ScienciaScripts

This book is a translation from the original published under ISBN 978-620-2-19356-6.

Publisher:
Sciencia Scripts
is a trademark of
Dodo Books Indian Ocean Ltd. and OmniScriptum S.R.L publishing group

120 High Road, East Finchley, London, N2 9ED, United Kingdom
Str. Armeneasca 28/1, office 1, Chisinau MD-2012, Republic of Moldova, Europe

ISBN: 978-620-7-27945-6

ZUSAMMENFASSUNG

DEDICATORY

Ich widme dieses Werk all den Menschen, die einst vom Rand der Gesellschaft ausgeschlossen waren und kein Recht auf Antwort hatten.

Dass ich mit diesem Studium das Ziel vieler erfüllen kann, ihren Traum vom Studium zu verwirklichen.

Allen Menschen, die sich für den Prozess der Integration einsetzen, gilt mein ganzer Respekt und mein Engagement.

DANKSAGUNGEN

Ich danke Gott vor allem für die Möglichkeit, diesen Traum durch wichtige und besondere Menschen zu verwirklichen.

Ich möchte mich bei meinen Lehrern bedanken, die dazu beigetragen haben, dass ich als Studentin beruflich und persönlich wachsen konnte.

Ich möchte meinem Betreuer, Dr. Robson Tavares, dafür danken, dass er mich in seine Betreuung aufgenommen hat und für seine Geduld auf dem Weg dorthin.

Ich möchte mich bei meiner Familie und meinen Freunden bedanken, die mir auf jede erdenkliche Weise geholfen haben.

Insbesondere möchte ich mich bei einer wichtigen Person bedanken, die mir sehr geholfen hat, dieses Ziel zu erreichen: Acrisio Figueiredo. Ich glaube, dass ein großer Teil dieser Arbeit mit den Zeiten zu tun hatte, in denen ich keinen Ausweg fand.

Ich möchte mich bei allen bedanken, die an der Umfrage mitgewirkt haben.

Mein Dank gilt Éllen, Motta, Galafre und Claùdia, allen Lehrern und der Institution, die mir mit Korrekturen und der Klärung von Zweifeln geholfen haben.

Und schließlich möchte ich Wissen und Wissenschaft in der Person von Prof. Dr. Ricardo Pinto und der Institution Lusófona dafür danken, dass sie uns aufgenommen haben und uns die Möglichkeit gaben, unsere Träume zu verwirklichen.

ZUSAMMENFASSUNG

Das brasilianische Bildungswesen stellt sich heute selbst in Frage und sucht nach wesentlichen Antworten, um die wichtige Rolle der Führungskräfte angesichts der Schwierigkeiten zu lösen, die sich aus politischen und sozialen Fragen und den Interessen derjenigen ergeben, die die Macht über die finanziellen Mittel zur Förderung einer besseren Qualität der Bildung und Berufsausbildung haben. Angesichts der finanziellen Schwierigkeiten, mit denen die brasilianische Realität derzeit konfrontiert ist, stehen die Manager vor der Herausforderung, sich an die hohen Anforderungen der Aufsichtsorgane und der Gesellschaft anzupassen. Die Untersuchung wurde in der Mesoregion des Bundesstaates Parà mit einer Stichprobe von 20 Managern privater Einrichtungen durchgeführt, die die Einschlusskriterien erfüllten, wobei ein objektiver Fragebogen verwendet und mit der Linkert-Skala quantifiziert wurde. Die Forschungsergebnisse wurden mit Hilfe der Student's t-Korrelation und der ANOVA-Tests erzielt, die den p-Wert anzeigten, und es wurde festgestellt, dass das $p >$ Signifikanzniveau von 1% (0,01) in allen Situationen, d.h. die Ausgangshypothese Ho konnte nicht verworfen werden. In Anbetracht dessen bestätigten die Ergebnisse die Theorie der Ausgangshypothese. Daraus lässt sich schließen, dass die Herausforderungen, mit denen die Führungskräfte konfrontiert sind, angesichts der hohen Anforderungen der Aufsichtsorgane und der Ausfälle, die hohe Kosten für die Hochschuleinrichtungen verursachen, über das hinausgehen, was in dieser Arbeit erwartet wurde.

Schlüsselwörter: Zugänglichkeit, Standard, Management.

EINFÜHRUNG

Derzeit erlebt die brasilianische Gesellschaft einen größeren Prozess der Inklusion und Zugänglichkeit, aber in der Praxis hinken wir aufgrund politischer und verwaltungstechnischer Schwierigkeiten hinter anderen Ländern der ersten Welt hinterher. Wir wissen, dass die Gesetzgebung ausdrücklich die Verpflichtung enthält, alle Schüler ungeachtet ihrer Bedürfnisse oder Unterschiede aufzunehmen und einzuschreiben. Andererseits ist es wichtig zu betonen, dass diese Aufnahme allein nicht ausreicht, um sicherzustellen, dass Schüler mit sonderpädagogischem Förderbedarf effektive Bedingungen für das Lernen und die Entwicklung ihres Potenzials vorfinden.

Laut Mantoan et *al.* (2010) erleben wir eine neue Ära der sozialpädagogischen Inklusion im Bildungssystem. Es ist jedoch zu betonen, dass wir angesichts der in Brasilien beobachteten Fakten hinter den europäischen und nordamerikanischen Ländern zurückbleiben, da die brasilianischen Schulen und Familien offensichtlich noch nicht darauf vorbereitet sind, die Bildungsentwicklung zu gewährleisten.

Laut Almeida (2016) trat die integrative Bildung erstmals 1969 in den Vordergrund, und seither gab es eine Bewegung, die die Bildungspolitik in Frage stellte und in den 90er Jahren ihren Höhepunkt erreichte. Inklusive Bildung ist das Ergebnis des Kampfes vieler Menschen und ist das historische Produkt einer Epoche und der heutigen Bildungsrealität. Diese Epoche verlangt, dass wir uns von den alten Stereotypen der Bildung verabschieden und versuchen, ein neues Konzept des Unterrichts zu finden.

Inklusive Bildung wurde unter dem Aspekt der sozialen Gerechtigkeit diskutiert, um Gleichheit und Akzeptanz in der Gesellschaft für Menschen mit besonderen Bedürfnissen zu erreichen. Inklusion setzt daher voraus, dass sich die Hochschuleinrichtungen an den Schüler anpassen, und nicht der Schüler an die Schule. Inklusion bedeutet weder einen individualisierten Unterricht noch die Anwendung spezifischer Methoden und Techniken für jede Art von Behinderung. Vielmehr geht es um curriculare Anpassungen, die eine kontinuierliche und qualitative Analyse der Lernentwicklung der Studierenden ermöglichen.

Nach Loch (2007) erfordert die schulische Inklusion im Gegensatz zur Integration ein angenehmes schulisches Umfeld, das es den Schülern erleichtert, in der Schule zu bleiben und sich dort respektiert und einbezogen zu fühlen.

Damit diese Eingliederung jedoch vollständig ist, müssen Lehrkräfte und Schüler darin geschult werden, sich an Räume mit garantierter Zugänglichkeit anzupassen, die eine zufriedenstellende integrative Bildungsarbeit gewährleisten.

Laut Costa (2013) wird auch angenommen, dass die physische Struktur eine Voraussetzung für ein inklusives Bildungsprogramm ist, was sie zu einem kritischen Knotenpunkt für die Ausarbeitung des institutionellen Lehrplans macht.

Die Möglichkeiten der Menschen, sich zu entfalten, wertgeschätzt zu werden und ihre Aktivitäten durch Bildung zu erweitern und zu entwickeln, können eingeschränkt werden, wenn es architektonische Hindernisse in Hochschuleinrichtungen gibt, die die Einschränkungen von Menschen mit Behinderungen noch verstärken und so ihren Zugang und/oder ihren Verbleib dort einschränken.

Das Gesetz Nr. 9394/96, bekannt als Bildungsrichtliniengesetz (Lei de Diretrizes de Bases da Educaçao - LDB), legt die Regeln für die Organisation des Bildungswesens in Brasilien, die Zuständigkeiten der einzelnen Bestandteile des Bildungswesens, die Arten des Unterrichts, die Bewertung der Lehrkräfte und die Finanzierung der Bildungsressourcen fest. Das LDB unterstreicht auch, wie die Rechte der brasilianischen Bürgerinnen und Bürger in Bezug auf die Bildung garantiert werden können, von der ersten Stufe des Kindergartens bis zur Hochschulbildung (Paschol & Brandao, 2016).

In Ergänzung der Bestimmungen des Gesetzes 1098/2000 legt es die Regeln zur Förderung der Zugänglichkeit für Menschen mit Behinderungen oder eingeschränkter Mobilität fest, indem es Barrieren und Hindernisse auf öffentlichen Straßen und Plätzen, bei der Stadtmöblierung, beim Bau und der Renovierung von Gebäuden sowie bei Verkehrs- und Kommunikationsmitteln beseitigt.

Sie besagt auch, dass alle Schulen ihre architektonischen Barrieren beseitigen müssen, um Menschen mit körperlichen Behinderungen den Zugang zu ermöglichen, und zwar unabhängig davon, ob zu diesem Zeitpunkt Schüler mit Behinderungen eingeschrieben sind oder nicht (Magagnin & Rostworowski, 2015).

Der Begriff der Barrierefreiheit hat in der Forschung an Universitäten, auf Kongressen und Seminaren an Bedeutung gewonnen, da man sich bemüht, der steigenden Nachfrage von Menschen mit besonderen Bedürfnissen gerecht zu werden. In der brasilianischen Bundesverfassung von 1988 sind zwar die Rechte auf Freizügigkeit und Zugang verankert, aber aufgrund mangelnder Kenntnisse fällt es den Menschen schwer, ihre Rechte auf Zugänglichkeit wahrzunehmen - darunter auch Menschen mit besonderen Bedürfnissen und eingeschränkter Mobilität (Feijó, 2009).

Barrierefreiheit ist ein Thema, das zwar schon seit Jahrzehnten diskutiert wird, aber in letzter Zeit als äußerst wichtiges Thema für die Stadtplanung wiederbelebt wurde, um die Lebensqualität der Bürger zu verbessern. Denn Barrierefreiheit ist eine Frage der Gerechtigkeit und ein politisches Markenzeichen demokratischer Gesellschaften.

Nach Mendes (2009) kann Barrierefreiheit als eine Reihe von Merkmalen einer Umgebung, eines Produkts oder einer Dienstleistung definiert werden, die eine bequeme, sichere und autonome Nutzung durch jedermann ermöglichen, unabhängig von seinen Fähigkeiten und Einschränkungen.

Gleichberechtigter Zugang umfasst physische Räume, Möbel, städtische Einrichtungen, Gebäude, Verkehrsmittel und Kommunikationsmittel, die von allen Menschen sicher und selbständig genutzt werden können, unabhängig davon, ob sie eine eingeschränkte Mobilität haben oder nicht (Remiao, 2012).

Gemäß der NBR9050/2004 über die Zugänglichkeit für Menschen mit körperlichen Behinderungen (PDF) müssen Zugangswege vorhanden sein, die akademische Räume wie Klassenzimmer, die Bibliothek, Erholungsbereiche, Toiletten, den Gastronomiebereich und Verwaltungsbereiche miteinander verbinden (Remiao, 2012).

Auch die architektonische Zugänglichkeit muss in allen Bereichen gewährleistet sein, damit die Studenten und andere Mitglieder der akademischen Gemeinschaft und der Gesellschaft im Allgemeinen das Recht haben, sicher und selbständig zu kommen und zu gehen, gemäß den Bestimmungen des Dekrets Nr. 5.296/2004.

Die Einhaltung der Zugänglichkeitsnorm ist in diesem Fall unabhängig von der Einschreibung eines behinderten Studenten an der Hochschuleinrichtung (im Folgenden "Hochschule"). Zu den von den Hochschulen zur Verfügung gestellten Ressourcen und Diensten für die Barrierefreiheit gehören Übersetzer und Dolmetscher für die brasilianische Gebärdensprache (LIBRAS), Dolmetscherleitfäden, Hilfsmittel und zugängliche Lehrmaterialien, um den besonderen Bedürfnissen der Studierenden gerecht zu werden.

Die Bedingungen für die Zugänglichkeit von Kommunikations- und Lehrmaterialien werden durch die Nachfrage nach diesen Ressourcen und Dienstleistungen durch die an der Hochschuleinrichtung eingeschriebenen Studierenden mit Behinderungen und durch die Teilnehmer an den Auswahlverfahren für die Zulassung und an den von der Einrichtung entwickelten Beratungsaktivitäten geschaffen. Die Hochschuleinrichtungen sind für die Bereitstellung dieser Dienste und Ressourcen bei allen akademischen und administrativen Aktivitäten verantwortlich.

Das Bildungsministerium hat in Zusammenarbeit mit den Bildungssystemen eine neue öffentliche Politik entwickelt, um das Recht auf Bildung zu betonen und die Autonomie und Unabhängigkeit von Menschen mit sonderpädagogischem Förderbedarf zu fördern, was zu einem strukturellen Wandel in der Sonderpädagogik für normale Klassen und der Bereitstellung von pädagogischer Unterstützung geführt hat, die im pädagogischen politischen Projekt vorgesehen ist (Brasil, 2013).

Das "Programm für barrierefreie Schulen" ist eine Maßnahme, mit der das Ziel der Konsolidierung des integrativen Bildungssystems erreicht werden soll, indem eine integrative, qualitativ hochwertige Bildung für alle angestrebt wird. Dies erfordert die demokratische Beteiligung der aktiven Komponenten der gesamten Schulgemeinschaft, einschließlich der Familien, der Schüler, der Lehrer und der politischen Bildungsdienste wie der sonderpädagogischen Förderung (AEE), die im Dekret 6.571 vom 17. November 2008 geregelt ist. Die Umsetzung der sonderpädagogischen Förderung (AEE) ist nicht in allen Einrichtungen anzutreffen, da sie erst vor kurzem eingeführt wurde und es keine nachgewiesenen Untersuchungen gibt, die ihre Auswirkungen auf das Lernen der Schüler, die sie in Anspruch nehmen, belegen (Figueiredo, 2009).

Die Gesetzgebung unterstützt diese Schüler, indem sie ihr Recht auf Aufnahme in das Bildungssystem sicherstellt, Schüler mit Behinderungen, globalen Entwicklungsstörungen und hohen Fähigkeiten/Überbelegung in normale Regelschulen aufnimmt und eine spezielle pädagogische Betreuung - AEE - anbietet, um den Zugang und die Bedingungen für eine hochwertige Bildung zu fördern.

Dies unterstreicht die Bedeutung der ESA, die wie die Bestimmungen des Dekrets 6.571/2008 von "öffentlichen Bildungssystemen oder von gemeinnützigen kommunalen, konfessionellen oder philanthropischen Einrichtungen, die ausschließlich in der Sonderpädagogik tätig sind", für Schüler im öffentlichen Schulsystem angeboten werden kann. (BRASIL, 2011, Art. 9, § 2).

Mit dem Voranschreiten der juristischen Emanationen, die sich mit der Sonderpädagogik befassen, hat insbesondere das Dekret 7.611/11 einige Spannungspunkte in bestimmten Aspekten seines Textes aufgeworfen und Anlass zu mehreren Fragen und Zweifeln seitens verschiedener Bereiche gegeben, die in diesem Land in der Sonderpädagogik tätig sind.

Die neuralgischen Punkte, die zu diesen Spannungen geführt haben, scheinen mit Situationen zusammenzuhängen, die zuvor von der Sonderpädagogik garantiert und erobert wurden, insbesondere in Bezug auf folgende Punkte: die Erbringung von Dienstleistungen; der nicht-substitutive Charakter dieser Art von Bildung in Bezug auf die Schulbildung; und, direkter, die öffentliche Finanzierung privater und philanthropischer Sonderpädagogik-Einrichtungen, was bedeutet, dass das Dekret privaten Einrichtungen Vorrechte in Bezug auf die Erbringung von sonderpädagogischer Unterstützung garantiert.

In Bezug auf die Einschränkungen argumentiert O'Sullivan (2010), dass eine körperliche Behinderung jede Beeinträchtigung der Mobilität, der allgemeinen motorischen Koordination oder der Sprache ist, die durch neurologische, neuromuskuläre oder orthopädische Verletzungen oder durch angeborene oder erworbene Fehlbildungen verursacht wird. Das Konzept des Begriffs "behinderte Person" und sein Konzept haben ihren Ursprung jedoch in der Erklärung über die Rechte von Menschen mit Behinderungen (UN, 2016), in der festgelegt wurde, dass "jede Person, die wegen einer angeborenen oder nicht angeborenen Beeinträchtigung ihrer körperlichen, sensorischen oder geistigen Fähigkeiten ganz oder teilweise außerstande ist, die Anforderungen eines normalen individuellen oder sozialen Lebens zu erfüllen", eine "behinderte Person" ist.

Der Begriff "Mensch mit Behinderung" ist somit ein Oberbegriff und bezieht sich auf das gesamte Segment, unabhängig von den Merkmalen der Behinderung oder der Art ihrer Folgeerscheinungen.

Das brasilianische Bildungswesen stellt sich derzeit selbst in Frage und sucht nach wesentlichen Antworten auf diese Eingliederungsprozesse, aber wer ist für diesen Prozess verantwortlich? Die Rolle der Bildungsmanager, die von den gesellschaftlichen Interessenvertretern gewählt werden, sticht hervor, denn sie sind diejenigen, die die finanziellen Ressourcen verwalten, um eine bessere Qualität der Bildung und Berufsausbildung zu fördern.

HINTERGRUND

Die Zahl der Studierenden in den Hochschuleinrichtungen steigt von Jahr zu Jahr, was die Bedeutung und Konsolidierung der Bildungspolitik des Landes in der Rolle des Managers verdeutlicht. Die Leiter der Einrichtungen müssen systematisch und kontinuierlich in die Ausbildung der Studierenden investieren. Dazu gehört nicht nur technisches Wissen über Sonder- und Integrationspädagogik, sondern auch ein politisches und ethisches Engagement für Bildung als ein Recht für alle.

In Anbetracht all dieser Aspekte impliziert die Überlegung, die Struktur der Hochschulen an die besonderen Bedürfnisse der Studierenden anzupassen, die Aufnahme eines Dialogs zwischen den verschiedenen Wissensbereichen, um Lösungen für pädagogische und andere Probleme zu entwickeln und voranzutreiben, die den Bedürfnissen dieser Fächer entsprechen, mit dem Ziel, diese Gruppe einzubeziehen.

In Anbetracht der obigen Ausführungen ist festzustellen, dass sich die Bemühungen zunehmend auf den Prozess der Umsetzung der Barrierefreiheit angesichts der hohen Kosten und Steuern in den Hochschulen in den verschiedensten Gebieten konzentrieren, sei es in Bezug auf Kultur, Bildung, Freizeit oder Arbeit. In dem Bewusstsein, dass die Zugänglichkeit eines der integrativen Elemente für Menschen mit besonderen Bildungsbedürfnissen ist, zielt die Studie darauf ab, durch ihre Fragestellung aufzuzeigen, wie dieses Thema im Kontext der brasilianischen Universitäten diskutiert wurde, wobei die drei Städte der Mesoregion Parà, Maraba, Tucurui und Paraupebas als Szenarien und die Manager der privaten Hochschulen als Forschungssubjekte ausgewählt wurden.

Unter diesem Gesichtspunkt ist die Leitung der privaten Hochschuleinrichtungen für die Planung und Umsetzung der in den geltenden Rechtsvorschriften vorgesehenen Zugänglichkeitsziele sowie für die Überwachung der Einschreibung von Studierenden mit Behinderungen an der Einrichtung verantwortlich, um die Voraussetzungen für einen uneingeschränkten Zugang und einen dauerhaften Aufenthalt zu schaffen. Diese Verpflichtung darf nicht auf Studierende mit Behinderungen oder deren Familien übertragen werden, indem Gebühren oder andere Formen der Übertragung erhoben werden.

Die Finanzierung der Bedingungen für die Barrierefreiheit muss die allgemeinen Kosten für die Entwicklung von Lehre, Forschung und Weiterbildung einbeziehen. Die Hochschuleinrichtungen müssen eine Politik der Zugänglichkeit einführen, die auf die Eingliederung von Menschen mit Behinderungen abzielt und die Zugänglichkeit in den Entwicklungsplan der Einrichtung, in die Haushaltsplanung und -ausführung, in die Planung und Zusammensetzung des Fachpersonals, in die pädagogischen Projekte der Studiengänge, in die architektonischen Infrastrukturbedingungen, in die für die Öffentlichkeit erbrachten Dienstleistungen, in die Website und andere Veröffentlichungen, in die pädagogische und kulturelle Sammlung und in die Bereitstellung von zugänglichem Lehrmaterial und Ressourcen einbezieht.

PROBLEMATIK

Die Studie zielt daher auf die Beantwortung der folgenden Frage ab: Haben die hohen Kosten für die Umsetzung der Barrierefreiheit in privaten Hochschuleinrichtungen Auswirkungen auf das Finanzmanagement?

ZIELE

ALLGEMEINES ZIEL

Ziel dieser Arbeit ist es, den Prozess der Umsetzung von Barrierefreiheit durch die Führungskräfte privater Hochschuleinrichtungen zu evaluieren und über die Faktoren nachzudenken, die die Versäumnisse bei der Umsetzung von Barrierefreiheit in privaten Hochschuleinrichtungen beeinflussen.

SPEZIFISCHE ZIELE

• Bewertung des Wissens von Managern über Zugänglichkeit und Integration;

• Ermitteln Sie die Auswirkungen von Zahlungsausfällen auf Kosten und Steuern in Hochschuleinrichtungen;

• Analyse des Profils von Führungskräften in privaten Hochschuleinrichtungen;

• Korrelieren Sie die Auswirkungen der Umsetzung der Zugänglichkeit mit wirtschaftlichen Schwierigkeiten.

STRUKTUREN DER DISSERTATION

Die Abfolge dieser Arbeit ist in Kapitel gegliedert, die aus einleitenden Elementen, bibliographischen Übersichten, die sich mit der Frage der Zugänglichkeit und der hohen Kosten im Hochschulmanagement befassen, bestehen. Sowie die Ergebnisse der durchgeführten Feldforschung, die Überlegungen und Referenzen, die als Grundlage für die Entwicklung dieser Arbeit diente.

So wird im ersten Kapitel die Kontextualisierung der Forschung hervorgehoben, um den Vorschlag dieser Forschung sowie die Begründung und die Ziele, die den Kontext, der diese Arbeit bestimmt, umgeben, zu präsentieren.

Kapitel zwei gibt einen Überblick über das staatliche Szenario und die von Regierungs- und Klassenorganisationen vorgeschlagenen Programme aus der Sicht verschiedener Autoren, die sich mit dem Thema befasst haben.

Kapitel drei zeigt die methodischen Mechanismen auf, die für die Entwicklung dieser Arbeit von der Planung bis zur Durchführung verantwortlich sind.

In Kapitel vier werden die Ergebnisse vorgestellt, die mit Hilfe einer quantitativen Befragung mittels eines Likert-Fragebogens in tabellarischer Form gewonnen wurden. Diese Befragung wurde in einer Reihenfolge durchgeführt, die auf der Reihenfolge der Fragen basiert, die den Leitern der privaten Einrichtungen gestellt wurden, die an dieser Arbeit mitgewirkt haben, wobei deren Schwierigkeiten aufgrund der hohen Kosten für die Umsetzung der Barrierefreiheit in der Mesoregion des Bundesstaates Pará hervorgehoben wurden.

In den abschließenden Bemerkungen werden die dem Vorschlag zugrunde liegenden Überlegungen und die im Rahmen der Forschung erzielten Ergebnisse dargelegt, wobei die wichtigsten untersuchten Aspekte berücksichtigt werden.

In den Referenzen ist es möglich, sich ein Bild vom Forschungsbereich zu machen, der in den Werken verschiedener Autoren behandelt wird.

Am Ende dieser Arbeit können Sie die Dokumente sehen, die während der Forschungsarbeit als Unterstützung dienten.

KAPITEL 1: BARRIEREFREIHEIT UND IHRE BEDEUTUNG FÜR DIE EINGLIEDERUNG VON STUDIERENDEN IN DIE HOCHSCHULBILDUNG

1.1. HISTORISCHE BERICHTE ÜBER DIE INTEGRATION VON MENSCHEN MIT BEHINDERUNGEN

SONDERPÄDAGOGISCHER FÖRDERBEDARF

Bei der Bildung von Menschen mit sonderpädagogischem Förderbedarf unter dem Gesichtspunkt der Inklusion erscheint es uns wichtig, die historischen Wurzeln dieser Bewegung zu kontextualisieren.

Die Geschichte zeigt, dass die brasilianische Gesellschaft Menschen mit besonderen Bedürfnissen oder eingeschränkter Mobilität viel zu verdanken hat, da die Mehrheit dieser Menschen von der Gesellschaft ausgeschlossen ist. Historisch gesehen hat sich der Staat mit der Verbesserung der nationalen Gesetzgebung von einem Versäumnis zu einer verantwortlichen Instanz gewandelt, die sich um die Verbesserung der Lebensqualität und der Bildung für eine weniger begünstigte Gruppe der Gesellschaft bemüht.

Der erste Schritt in diese Richtung war die Ratifizierung der Charta der Vereinten Nationen durch Brasilien am 26. Juni 1945, in der unter anderem die Würde und der Wert des Interesses der menschlichen Person mit Gleichheit anerkannt wird (Borges, 2011).

Vor der Veröffentlichung der Charta der Vereinten Nationen hatten körperlich Behinderte nicht das Recht auf Zugang zu öffentlichen Einrichtungen. Mit der Verabschiedung des Gesetzes Nr. 7.405 vom 11. November 1985 wurde die Anbringung des internationalen Zugangssymbols an allen öffentlichen Orten obligatorisch, um die Zugänglichkeit für Menschen mit besonderen Bedürfnissen zu verbessern und den Bau öffentlicher Gebäude zu bestimmen. Allerdings gibt es immer noch Schwierigkeiten bei der Umsetzung des Gesetzes, trotz aller Fortschritte, die heutzutage im Bereich des öffentlichen Zugangs gemacht werden (Brasilien, 2012).

Mit der Re-Demokratisierung Brasiliens im Jahr 1988 entstand die neue Verfassung der Republik, die immer noch in Kraft ist. Ihr erster Artikel befasst sich mit dem grundlegenden Prinzip der Menschenwürde, einschließlich der Menschen mit besonderen Bedürfnissen, die aus der Randlage herausgeholt und vollständig in die Gesellschaft integriert wurden. Diese Bürgerverfassung führte zu Gesetzen, die die Rechte körperlich Behinderter auf Barrierefreiheit in Brasilien erweiterten (Brasil, 2010).

Am 24. Oktober 1989 wurde das Gesetz Nr. 7.853 verabschiedet, das die Zugänglichkeit für Menschen mit besonderen Bedürfnissen und die sozialpädagogische Eingliederung regelt, die in

Verbindung mit der Leitung einer nationalen Koordinierungsstelle für die Integration von Menschen mit Behinderungen erfolgen muss, und das den gerichtlichen Schutz der Interessen der Gesellschaft einführt, indem es die Staatsanwaltschaft mit der Definition von Straftaten im Zusammenhang mit der Diskriminierung von körperlich Behinderten beauftragt. Seitdem wurden große Fortschritte im Bereich der sozialen Eingliederung erzielt.

Was die schulische Dimension betrifft, so hat das Gesetz Verbesserungen hinsichtlich des Rechts von Schülern mit besonderen Bedürfnissen auf Zugang zur Schule gebracht (De França & Pagliuca, 2000).

In Bezug auf das Hochschulumfeld war die Verabschiedung des Nationalen Gesetzes über Leitlinien und Grundlagen des Bildungswesens (LDB), das ein ganzes Kapitel als Sonderfaktor für Gemeinden, Bundesstaaten und den Bund vorsieht, um Menschen mit Behinderungen mit Würde zu behandeln und nicht nur die Zugänglichkeit, sondern auch andere Mittel der Bildungsintegration zu gewährleisten, ein Erfolg (Arroyo, 2008).

Am 19. Dezember 2000 unterzeichnete Präsident Fernando Henrique Cardoso das Gesetz 10.098. Dieses Gesetz definiert wichtige Fragen und schafft Verpflichtungen für den Bau und die Anpassung von öffentlichen Gebäuden und Gebäuden zur kollektiven Nutzung, damit sie für Menschen mit Behinderungen vollständig zugänglich sind (BRASIL, 2008).

Nach Dischinge und Machado (2006) ist Behinderung der Begriff, der in der Internationalen Klassifikation *der* Beeinträchtigungen, Behinderungen und *Erschwernisse* (ICIDH) verwendet wird, einem fortschrittlichen Begriff für frühere Epochen. Diese Klassifikation wurde 1976 von der Weltversammlung der Weltgesundheitsorganisation als Definition von Behinderung eingeführt, die als körperliche Manifestation oder Verlust einer Struktur oder Funktion des Körpers verstanden wird, wobei sich Invalidität auf das Funktionsniveau, die individuelle Leistung und die Benachteiligung in der sozialen Situation der Beeinträchtigung aufgrund einer Beeinträchtigung oder Invalidität bezieht.

Den NRO zufolge wurde der Begriff "Behinderung" als unangemessen angesehen, weil er mit negativen Merkmalen verbunden ist, aber im Laufe der Zeit wurden diese Merkmale von Fachleuten auf diesem Gebiet und von den Betroffenen selbst immer mehr ausgeschlossen (Sassaki, 1997).

Laut Pereira (2013) waren behinderte Menschen schon immer Opfer sozialer Ausgrenzung, denn im 15. Jahrhundert wurden Kinder mit Behinderungen in die Kanalisation des alten Roms geworfen, in Heimen und vor den Türen von Kirchen zurückgelassen, als eine Form der Isolation von der Gesellschaft. Doch im Laufe der Zeit, im Mittelalter, begannen Kinder mit Behinderungen als

16

Menschen zu gelten und von ihren Familien und der Gesellschaft akzeptiert zu werden, was auf den Einfluss der Kirche als der Instanz mit der größten Macht über die Gesellschaft zurückzuführen ist.

In der heutigen Zeit ist der Mensch zur Zielscheibe für Studien und Fragen der Gesellschaft geworden, und im Laufe der Zeit haben behinderte Menschen Bildungschancen und soziale Eingliederung bis zum heutigen Tag erreicht.

In der Gesellschaft des kolonialen Brasiliens gab es keine Politik für die Betreuung oder Behandlung dieser Kinder mit Behinderungen. In Brasilien begann die Betreuung von Menschen mit Behinderungen während des Kaiserreichs mit der Gründung von zwei Einrichtungen: dem kaiserlichen Institut für blinde Kinder (1854), dem heutigen Benjamin-Constant-Institut (IBC), und der Taubstummenanstalt (1857), dem heutigen Nationalen Institut für die Erziehung der Tauben (INES), beide in Rio de Janeiro (Mendes, 2011).

Zu Beginn des 20. Jahrhunderts wurde 1926 das "Pestalozzi-Institut" gegründet, eine Einrichtung, die sich auf die Betreuung von Menschen mit geistigen Behinderungen spezialisierte; 1954 wurde die erste Vereinigung der Eltern und Freunde der Außergewöhnlichen (APAE) gegründet; und 1945 wurde in der "Pestalozzi-Gesellschaft" von Helena Antipoff der erste spezialisierte pädagogische Dienst für Menschen mit Hochbegabung geschaffen (Mendes, 2011).

Laut Odorico (2015) begannen die Veränderungen in der Mitte des 20. Jahrhunderts, als behinderte Menschen begannen, in der Gesellschaft anerkannt zu werden und ihre Rechte als echte Bürger zu genießen. Die erste politische Leitlinie wurde 1948 in der Allgemeinen Erklärung der Menschenrechte formuliert, deren erster Artikel besagt, dass "alle Menschen frei und gleich an Würde und Rechten geboren sind".

In den 1960er Jahren wurden die ersten Kritiken und Ausgrenzungen bezüglich der Integration von Körperbehinderten in die Gesellschaft laut.

1961 wurde das Gesetz 4.024, unser erstes Gesetz über sonderpädagogischen Förderbedarf (LBD), erlassen, das die Orientierung von Schülern mit sonderpädagogischem Förderbedarf festschreibt und die getrennten und eingeschränkten Räume, in denen Lehrer ihre Schüler orientierten, abschafft. Hinweise auf diese Modalität finden sich im Gesetz 4.024/61 und sind in zwei Artikeln konzentriert:

Art. 88 - Der Unterricht für außergewöhnliche Kinder sollte so weit wie möglich Teil des allgemeinen Bildungssystems sein, um sie in die Gemeinschaft zu integrieren.

Art. 89 - Jede private Initiative, die von den staatlichen Bildungsräten als effizient erachtet wird und die sich auf die Erziehung von außergewöhnlichen Kindern bezieht, wird von den öffentlichen Behörden durch Stipendien, Darlehen und Zuschüsse besonders behandelt.

Der Prozess der Inklusion von Schülern mit sonderpädagogischem Förderbedarf wurde erstmals 1969 erfolgreich durchgeführt und hat seitdem Auswirkungen auf die Entwicklung der Bildungs- und öffentlichen Politik gehabt. In den 1960er-Jahren war der Zugang jedoch auf einige wenige Personen beschränkt und der Kontakt zwischen Lehrern und Schülern auf bestimmte Räume beschränkt (Barrozo et *al.* 2012).

In den 1980er und 1990er Jahren begann die Diskussion über die Eingliederung jedoch mit der Verfassung von 1988, in der Artikel 3 (IV) als eines der grundlegenden Ziele aufgenommen wurde:

> "das Wohl aller fördern, ohne Unterschied der Herkunft, der Rasse, der Hautfarbe, des Geschlechts, des Alters oder einer anderen Form der Diskriminierung. Sie garantieren, dass Menschen mit Behinderungen vorzugsweise in das reguläre Bildungssystem aufgenommen werden". (Gharguetti & Medeiros, 2013).

Betrachtet man den historischen Kontext der inklusiven Bildung bis zu den 1990er Jahren, so kann man die Errungenschaften in Bezug auf die Bildung von Menschen mit körperlichen oder geistigen Behinderungen erkennen. Es ist kein kleiner Schritt, vom fast völligen Fehlen jeglicher Art von Unterstützung zum Vorschlag und zur Umsetzung von Maßnahmen zur sozialen Integration überzugehen. Wir können auch von Fortschritten und vielen Rückschlägen, fragwürdigen Errungenschaften und wissenschaftlich legitimierten Vorurteilen sprechen.

Mitte der 1990er Jahre begannen in Brasilien Diskussionen über ein neues Modell der schulischen Betreuung, die so genannte schulische Inklusion. Dieses neue Paradigma entstand als Gegenreaktion auf den Prozess der Integration, und seine praktische Umsetzung hat viele Kontroversen und Diskussionen ausgelöst.

Wir sind uns bewusst, dass die Arbeit mit heterogenen Klassen, in denen alle Unterschiede willkommen sind, unzählige Vorteile für die Entwicklung von behinderten und nicht behinderten Kindern mit sich bringt, da sie die Möglichkeit haben, die Bedeutung des Austauschs und der Zusammenarbeit in menschlichen Interaktionen zu erfahren. Um Unterschiede zu respektieren und zu lernen, in Vielfalt zu leben, ist daher ein neues Konzept des Lehrens und Lernens erforderlich.

Studierende der Sonderpädagogik sind diejenigen, die aufgrund ihrer anderen Lernbedürfnisse als andere Studierende besondere pädagogische und methodische Mittel benötigen. Die Einbeziehung dieser Studierenden in die Hochschulbildung und die Gewährleistung ihres Rechts auf Bildung nennen wir Inklusion, d. h. die Aufnahme dieser Personen und das Angebot von Bildungschancen für Menschen mit Behinderungen unter denselben Bedingungen wie für andere.

Laut Campos (2012) erreichte die Inklusion in den 1990er Jahren mit der Erklärung von Salamanca im Jahr 1994 ihren Höhepunkt. Gemäß der Erklärung von Salamanca (1994, S. 28) sind die Universitäten verantwortlich für,

[...] eine wichtige beratende Rolle bei der Entwicklung von sonderpädagogischen Diensten spielen, insbesondere in Bezug auf Forschung, Evaluierung, Ausbildung von Lehrerausbildern und Entwicklung von Lehrprogrammen und -materialien. Die Schaffung von Systemen zwischen Universitäten und Hochschuleinrichtungen in Industrie- und Entwicklungsländern sollte gefördert werden. Diese Wechselbeziehung zwischen Forschung und Ausbildung ist von großer Bedeutung. Die aktive Beteiligung von Menschen mit Behinderungen an Forschung und Ausbildung ist ebenfalls sehr wichtig, um sicherzustellen, dass ihre Ansichten berücksichtigt werden.

In der Erklärung wird daher ein Vorschlag zur Vereinheitlichung des Bildungssystems unterbreitet, wobei von demselben Grundsatz ausgegangen wird und die Bemühungen und differenzierten Praktiken erforderlichenfalls verbessert werden sollen, damit das Recht eines jeden gewährleistet ist und die Bildung in der Praxis integrativ ist.

Auch wenn der Prozess der Inklusion gesetzlich garantiert ist, kommt er nicht von allein zustande. Um zu einer echten Praxis zu werden, hängt Inklusion von der internen Verfügbarkeit der Beteiligten ab: Familie, Schule, Gesellschaft und Regierungen. All diese Akteure bilden ein Bildungsnetzwerk, das sich auf ein gemeinsames Konzept für alle Schulen stützt, das aber gleichzeitig von jedem einzelnen von ihnen entsprechend seiner Eigenheiten gestaltet wird. Daher sind die Einheit und die Partnerschaft dieser Institutionen für die pädagogische Ausbildung und die Umsetzung öffentlicher Maßnahmen wichtig, um Inklusion und Zugänglichkeit in allen ihren Realitäten zu verwirklichen.

Die Herausforderung für die Hochschuleinrichtungen bei der Umsetzung von bildungspolitischen Maßnahmen zur Eingliederung und Zugänglichkeit besteht heute darin, den Bedürfnissen aller Studierenden in höherem Maße gerecht zu werden. Diese Anpassungen umfassen eine Reihe von pädagogischen Herausforderungen, die darauf abzielen, die Universität zu einem Raum für die Ausübung der Staatsbürgerschaft und zu einem Mittel zur Bekämpfung der Ausgrenzung von Studierenden mit besonderen pädagogischen Bedürfnissen zu machen.

1.2. KÖRPERBEHINDERUNG UND ZUGÄNGLICHKEIT

Wir können körperliche Behinderung definieren als "verschiedene motorische Zustände, die Menschen beeinträchtigen und die Mobilität, die allgemeine motorische Koordination und die Sprache beeinträchtigen, als Folge von neurologischen, neuromuskulären oder orthopädischen Verletzungen oder angeborenen oder erworbenen Deformationen". (Nascimento, 2009).

Körperliche Behinderung bezieht sich auf die Beeinträchtigung des Bewegungsapparats, zu dem das osteoartikuläre System, das Muskelsystem und das Nervensystem gehören. Krankheiten oder Verletzungen, die eines dieser Systeme allein oder zusammen betreffen, können zu erheblichen körperlichen Einschränkungen unterschiedlichen Grades und Schweregrades führen, je nach den betroffenen Körpersegmenten und der Art der erlittenen Verletzung (Costa et al. 2009).

Behinderung kann als jede Beeinträchtigung definiert werden, die die Integrität einer Person beeinträchtigt und ihre Bewegung, Bewegungskoordination, Sprache, Informationsverdichtung, räumliche Orientierung und den Kontakt mit anderen Personen beeinträchtigt (Caldas, Moreira & Sposto, 2015).

Es gibt viele Menschen mit körperlichen Behinderungen in der Welt, und in Brasilien speziell ist die genaue Zahl nicht bekannt, aber es ist sicherlich eine sehr große Zahl und die Tendenz ist, dass sie aufgrund der Unfälle und der Gewalt, die das Land plagen, zunimmt.

Die Organisation der Vereinten Nationen (UN) für die Rechte von Menschen mit Behinderungen definiert in ihrem Artikel 1, dass: "Menschen mit Behinderungen sind Personen, die langfristige körperliche, seelische, geistige oder Sinnesbeeinträchtigungen haben, die sie in Wechselwirkung mit verschiedenen Barrieren an der vollen und wirksamen, gleichberechtigten Teilhabe an der Gesellschaft hindern können."

Dank staatlicher Programme ist die Zahl der Studienanfänger an privaten Hochschulen gestiegen, wie Daten des Anisio Teixeira Institute for Educational Studies and Research (INEP) zeigen. Im Jahr 2013 erreichte die Gesamtzahl der Studierenden an brasilianischen Hochschulen 7,3 Millionen, fast 300.000 mehr als im Vorjahr. Im Zeitraum 2012-2013 stiegen die Einschreibungen um 3,8 Prozent, 1,9 Prozent im öffentlichen Netz und 4,5 Prozent im privaten Netz. Diese Zahlen sind Teil der Hochschulzählung, die von Bildungsminister Henrique Paim und dem Präsidenten des INEP veröffentlicht wurde.

Die Hochschulstudenten verteilen sich auf 32.000 Studiengänge, die von 2.400 Hochschuleinrichtungen - 301 öffentlichen und 2.000 privaten - angeboten werden. Auf die Universitäten entfallen 53,4 Prozent der Einschreibungen, auf die Fachhochschulen 29,2 Prozent. 2013 blieb die Gesamtzahl der Studienanfänger im Vergleich zum Vorjahr stabil und erreichte 2,7 Millionen. Betrachtet man den Zeitraum 2003-2013, so ist die Zahl der Studienanfänger um 76,4 % gestiegen.

Die Zahl der in der Hochschulbildung eingeschriebenen Menschen mit Behinderungen ist zwischen 2000 und 2010 um 933,6 % gestiegen. Die Zahl der Studierenden mit Behinderungen stieg von 2.173 zu Beginn des Zeitraums auf 20.287 im Jahr 2010, davon 6.884 aus dem öffentlichen und 13.403 aus dem privaten Sektor.

Die Zahl der Hochschuleinrichtungen, die sich um Studierende mit Behinderungen kümmern, hat sich in diesem Zeitraum mehr als verdoppelt: von 1.180 am Ende des letzten Jahrhunderts auf 2.378 im Jahr 2010. Davon verfügen 1.948 über barrierefreie Einrichtungen für Studierende.

Seit 2012 werden die Mittel über die Zentren für Barrierefreiheit direkt an die Universitäten weitergeleitet. Der den einzelnen Zentren zugewiesene Betrag ist proportional zur Anzahl der Studierenden (Burigo, Espindola & Souza, 2013).

Das Ministerium für Bildung und Kultur (MEC) legt die Rechtsnormen und Gesetze vor, die die Bildung für alle regeln.

Nach dem Gesetz Nr. 7.853/89 - es sieht die Unterstützung für Menschen mit Behinderungen, ihre soziale Integration, die Gewährleistung der vollen Ausübung ihrer individuellen und sozialen Rechte.

Das Gesetz Nr. 8.69/90 - über das Statut für Kinder und Jugendliche - sieht eine spezielle Betreuung für Kinder und Jugendliche mit Behinderungen vor und besagt, dass kein Kind irgendeiner Form von Vernachlässigung, Diskriminierung, Gewalt, Grausamkeit und Unterdrückung ausgesetzt werden darf (...)

MEC-Verordnung Nr. 1679/99 - legt die Anforderungen an die Zugänglichkeit für Menschen mit besonderen Bedürfnissen bei der Zulassung und Anerkennung von Studiengängen und der Akkreditierung von Einrichtungen fest.

Nach dem Dekret 3.956 (2001) ist eine Behinderung definiert als "eine körperliche, geistige oder sensorische Einschränkung dauerhafter oder vorübergehender Art, die die Fähigkeit einschränkt, eine oder mehrere wesentliche Aktivitäten des täglichen Lebens auszuführen, und die durch das wirtschaftliche und soziale Umfeld verursacht oder verschlimmert wird".

Gemäß dem Dekret Nr. 5.296 vom 2. Dezember 2004 ist eine körperliche Behinderung:"die vollständige oder teilweise Veränderung eines oder mehrerer Segmente des menschlichen Körpers, die eine Beeinträchtigung der körperlichen Funktion mit sich bringt und sich in Form von Paraplegie, Paraparese, Monoplegie, Monoparese, Tetraplegie, Tetraparese, Triplegie, Triparese,Hemiplegie, Hemiparese, Stoma, Amputation oder Fehlen von Gliedmaßen, Zerebralparese, Zwergwuchs, Gliedmaßen mit angeborenen oder erworbenen Missbildungen, ausgenommen ästhetische Missbildungen und solche, die keine Schwierigkeiten bei der Ausübung von Funktionen verursachen".

Lamônica et al. (2008) zufolge hat nach brasilianischem Recht jeder Mensch, auch Menschen mit Behinderungen, das Recht auf Zugang zu Bildung, Gesundheit, Freizeit und Arbeit.

So argumentieren Andrade et al. (2007), dass die Menschen gleichberechtigt wahrgenommen werden sollten, was voraussetzt, dass ihre spezifischen Bedürfnisse erkannt und erfüllt werden.

Nach Mendes (2009) kann Barrierefreiheit als eine Reihe von Merkmalen definiert werden, die eine

Umgebung, ein Produkt oder eine Dienstleistung aufweisen sollte, damit sie von allen Menschen, unabhängig von ihren Fähigkeiten und Einschränkungen, bequem, sicher und autonom genutzt werden kann. Wenn es um Barrierefreiheit geht, gelten Barrieren als eines der größten Probleme.

Nach Prado (2001) werden sie in sichtbare und unsichtbare Barrieren unterteilt. Sichtbare Barrieren sind alle konkreten Hindernisse, die als mangelnde Zugänglichkeit von Räumen verstanden werden. Unsichtbare Barrieren sind die Art und Weise, wie Menschen von der Gesellschaft gesehen werden, meist durch ihre Behinderungen und nicht durch ihr Potenzial. Die Beseitigung sichtbarer Barrieren wird also dazu beitragen, unsichtbare Barrieren zu verringern und damit die Lebensqualität von Menschen mit besonderen Bedürfnissen zu verbessern.

KAPITEL 2: DIE AUSWIRKUNGEN VON UNZULÄNGLICHKEITEN, HOHEN KOSTEN UND STEUERN AUF DIE HOCHSCHULVERWALTUNG.

2.1 ZAHLUNGSAUSFÄLLE UND DIE FOLGEN FÜR DIE HOCHSCHULEINRICHTUNGEN

Private Hochschuleinrichtungen reagieren eher, als dass sie vorbeugen. Strategische Entscheidungen sind häufig auf interne Verwaltungsprobleme und die Qualität des Managements zurückzuführen.

Sobald jedoch eine Hochschuleinrichtung in finanzielle Schwierigkeiten gerät, die auf Studienabbrüche, Zahlungsausfälle, einen Mangel an Studierenden zur Besetzung freier Stellen und andere von der Branche befürchtete Krisen zurückzuführen sind, besteht die erste Reaktion des Managements in der Regel darin, nach Möglichkeiten zur Kostensenkung und Umstrukturierung des Mittelbaus zu suchen. Um zu überleben, werden Schulden neu verhandelt und Zahlungsfristen verlängert, neue Standorte eröffnet und Verwaltungspersonal abgebaut, aber fast nie wird das eigentliche Problem angegangen: das pädagogische Projekt.

Nach Soares (2013) ist ein Zahlungsausfall nichts anderes als die Nichterfüllung eines Vertrags oder einer Verpflichtung. Insbesondere in der privaten Hochschulbildung, deren Haupteinnahmequelle die Erhebung von Studiengebühren von den Studierenden ist, können Zahlungsausfälle über ein ganzes Semester hinweg kumuliert werden, da das Gesetz 9.870/99 das Recht der Studierenden auf ein Studium garantiert, auch wenn sie verschuldet sind. Nur während der Einschreibezeit kann die private Hochschuleinrichtung die überfälligen Beträge oder einen Teil davon als Anzahlung in Form einer Vereinbarung einfordern und den Studenten für die Einschreibung in das folgende Semester freigeben, wodurch oft ein Teufelskreis entsteht, der erst mit dem Studienabschluss endet.

Deshalb ist eine entschlossene und organisierte Politik zur Bekämpfung von Zahlungsausfällen in der privaten Hochschulbildung unerlässlich, denn Zahlungsausfälle sind der Hauptgrund für die Schließung von Hochschulen im ganzen Land.

Probleme mit dem Cashflow während des Semesters führen auch dazu, dass diese Einrichtungen eine Reihe von Bankkrediten aufnehmen, was dazu führt, dass sie sehr hohe Bankzinsen zahlen müssen und somit einen beträchtlichen Teil ihrer Einnahmen durch Zinszahlungen verlieren. Dadurch erhöht sich der Anteil des gebundenen Einkommens dieser Einrichtungen, bis sie in Konkurs gehen.

Aus diesem Grund argumentiert Machado (2009, S. 13), dass "Zahlungsausfälle ein Tumor in fast jedem Sektor sind. Die Langsamkeit der Justiz ist manchmal der Atem, den der säumige Schuldner braucht, um sie zu 'unterdrücken' und Zeit zu gewinnen". Siehe hierzu Artikel 6 des Gesetzes Nr. 9.870 vom 23. November 1999:

> Die Aussetzung von Schulprüfungen, die Einbehaltung von Schulzeugnissen oder die Anwendung sonstiger erzieherischer Sanktionen aufgrund von Versäumnissen sind verboten, und der Auftragnehmer unterliegt gegebenenfalls rechtlichen und administrativen Sanktionen gemäß dem Verbraucherschutzgesetz [...].

Dauert der Verzug länger als neunzig Tage. Artikel 2 der vorläufigen Maßnahme Nr. 2.173 vom 24. August 2001 wurde ebenfalls hinzugefügt: Art. 2 und Art. 6 des Gesetzes 9870 von 1999 treten in Kraft, wobei Folgendes hinzugefügt wird: "Studenten können nur am Ende des akademischen Jahres oder, im Hochschulbereich, am Ende des akademischen Semesters entlassen werden, wenn die Einrichtung das Semesterlehrsystem einführt."

All dies zeigt, dass das Gesetz den säumigen Studenten schützt und dass die Hochschule keine Möglichkeit hat, ihn während des Semesters effektiv zu belasten, da dieser Student nur seine Einschreibegebühr zahlen und die fünf anderen monatlichen Raten anhäufen kann.

Die private Einrichtung kann also Inkassobriefe verschicken, Telefonanrufe tätigen und den Studenten sogar auf eine schwarze Liste bei den Kreditschutzagenturen setzen, um ihn zur Kasse zu bitten, aber sie kann ihn nicht von seinen akademischen Aktivitäten abhalten, d. h. die Einrichtung kann ihn nur dann wirksam zur Zahlung seiner Schulden zwingen oder eine Vereinbarung treffen, wenn er sich für das nächste Semester einschreibt.

Manager hören, dass sich die Gesellschaft verändert und dass Agilität erforderlich ist, um sich an die neuen Zeiten anzupassen, aber sie konzentrieren sich auf Pläne zur Verbesserung des bereits Bestehenden, ohne sich auf die Notwendigkeit von Innovation und die grundlegende Bedeutung von Managern zu konzentrieren, die wissen, in wen sie investieren können. Eine einfache Umfrage über den Prozentsatz der Studierenden an einer privaten Hochschule, die aus dem öffentlichen Bildungswesen kommen, kann überraschend sein.

Zahlungsausfälle sind ein schwieriger Faktor, der die Finanzkontrolle der Hochschuleinrichtungen erschwert, denn ein erfolgreiches Management dieses Elements führt zur Bindung und Rückgewinnung von Studierenden und natürlich zu mehr Kredit für die Einrichtung. Darüber hinaus sind sich die Führungskräfte im Hochschulbereich bewusst, dass der Erfolg ihrer Arbeit von einem reibungslosen Inkasso abhängt.

Ein Großteil der Hochschuleinrichtungen folgt jedoch dem prekären und veralteten Muster, die Schulden säumiger Studenten zu verhandeln. Obwohl die Gesetze für säumige Studenten sehr günstig sind, ist es immer noch möglich, eine entschlossene, aber gleichzeitig sensible und informative Arbeit zu leisten (Marins & Neves, 2013).

Abbildung 1: FIES-Verzögerungen

ATRASOS NO FIES
Entre 2013 e 2014, contratos com atraso de mais de um ano tiveram alta

■ Contratos em dia ■ Até 60 dias de atraso ■ De 61 a 180 dias ■ De 181 a 360 dias ■ + de 360 dias

Quelle: CGU/MEC-Audit

Allerdings gehen die Hochschuleinrichtungen, die sich oft Sorgen um ihre finanzielle Situation aufgrund von Studienabbrüchen machen, Risiken ein, wenn es darum geht, säumigen Studierenden Gebühren zu berechnen. Ein klassisches Beispiel dafür, wie von Studenten berichtet wird, die *bereits* unter dieser missbräuchlichen Praxis gelitten haben, ist das Inkasso durch die Institutionen zum Zeitpunkt der Übergabe des Zertifikats, da der Student, auch wenn er säumig ist, laut Gesetz das Recht hat, sein Diplom zu erhalten, auch wenn er nicht will oder zumindest keine Vereinbarung zur Zahlung an die Fakultät getroffen hat.

Es scheint jedoch Einrichtungen zu geben, die in dem Bestreben, die geschuldeten Beträge einzutreiben, das Abschlussdiplom nicht an Studierende aushändigen, die Schulden bei der Fakultät haben.

Auf diese Weise sind die Einrichtungen einem operationellen Risiko ausgesetzt, das sich aus den Grundsätzen der Verwaltung ergibt, wenn ein aufgeklärter Student seine Rechte vor Gericht einfordert, wodurch das ethische Konzept der Arbeitsweise der Hochschule in Frage gestellt wird, was sich negativ auf ihr Image in den Augen der Öffentlichkeit auswirkt. (Rodrigues, 2011).

In diesem Sinne argumentiert Machado (2009, S. 28), dass: "Selbst wenn der säumige Zahler sagt, dass er sein Recht einfordern wird, bleibt die Organisation standhaft". Wenn der Student eine einstweilige Verfügung erwirkt oder sich an PROCON wendet, dann liefert die Organisation, aber es besteht ein Risiko, da es sich um eine Managemententscheidung handelt, die nicht nur das Image der Einrichtung auf dem Markt betrifft, sondern auch Unstimmigkeiten mit der lokalen Justiz und die Möglichkeit einer negativen Darstellung in den Medien.

Es ist unbestreitbar, dass jedes Unternehmen oder jede Organisation seine Kunden oder Nutzer schätzen und an sich binden muss, schließlich sind sie der Grund für die Existenz des Unternehmens. Säumige Kunden müssen jedoch abgeholt werden, was immer ein sehr heikler Teil der Beziehung ist.

Das Inkasso sollte bei sporadischen Verspätungen mit großer Sorgfalt und Behutsamkeit erfolgen, bei Verspätungen, die sich zur Gewohnheit entwickelt haben, mit größerem Nachdruck, wobei nicht vergessen werden darf, dass die Kunden aufgrund der Art und Weise, wie sie behandelt werden, ihre Geschäftsbeziehungen zu dem Unternehmen einstellen könnten.

Es ist daher sehr wichtig, die Vorgeschichte dieser Kunden zu analysieren und zu verstehen, was sie zur Verspätung veranlasst hat.

Eine private Bildungseinrichtung lebt im Wesentlichen von den Studiengebühren für die von ihr angebotenen Bildungsdienstleistungen. Wenn ein Teil dieser Einnahmen ausbleibt und die Einrichtung diesen Prozentsatz der ausbleibenden Einnahmen nicht voraussieht, indem sie ihn zur Höhe der Einnahmen hinzurechnet, kann sie Schwierigkeiten haben, ihre Verpflichtungen gegenüber ihren Kunden einzuhalten. Aus diesem Grund müssen die Finanzmanager der Einrichtung ständig auf Zahlungsausfälle achten.

In diesem Sinne warnt Silva (2007, S. 97) davor, dass Kunden mit Geschäftspotenzial ihre Konten bei einem bestimmten Unternehmen aufgrund der Feindseligkeit, die durch das Inkassoverfahren entsteht, häufig schließen.

Dies ist ein wichtiger Punkt, der mit großer Vorsicht und Ernsthaftigkeit behandelt werden muss, da es immer schwieriger und wettbewerbsintensiver wird, Kunden zu gewinnen und zu halten. Die Inkassoabteilung muss ihre Arbeit ausführen, ohne die Geschäftsbeziehung zwischen dem kreditgebenden Unternehmen und dem schuldnerischen Kunden zu gefährden. All dies macht deutlich, dass für ein effizientes Management mit konkreten Ergebnissen bei der wirksamen Kontrolle von Zahlungsausfällen massive Investitionen in Personal erforderlich sind, die weit über Investitionen in Maschinen, Systeme und Infrastrukturen hinausgehen.

Der menschliche Faktor innerhalb einer akademischen Organisation ist für eine gute Beziehung zum Kunden, in diesem Fall dem Studenten oder seinem Vormund, von wesentlicher Bedeutung. Das Verständnis der Tatsachen, die zum Zahlungsverzug führen, kann helfen, eine für beide Seiten akzeptable Lösung zu finden.

2.2 HOCHSCHULZULASSUNGEN UND PROGRAMME DER BUNDESREGIERUNG

Wie die UNESCO feststellt, wird die Hochschulbildung "durch neue Möglichkeiten im Zusammenhang mit Technologien herausgefordert, die die Art und Weise, wie Wissen produziert, verwaltet, verbreitet, zugänglich gemacht und kontrolliert werden kann, verbessert haben".

Darüber hinaus ist die Hochschulbildung überall mit großen Herausforderungen und Schwierigkeiten konfrontiert, die u. a. mit der Finanzierung, gleichen Zugangsbedingungen, der Entwicklung und Aufrechterhaltung der Qualität von Lehre, Forschung und Beratungsdiensten zusammenhängen: "Ohne Hochschulbildung und angemessene Forschungseinrichtungen, die die kritische Masse an qualifizierten und gebildeten Menschen bilden, kann kein Land die Entwicklung sicherstellen oder das Niveau verringern, das arme und Entwicklungsländer von entwickelten Ländern trennt" (Da Silva *et al.* 2016).

Seit der Verabschiedung des Gesetzes über die Richtlinien und Grundlagen des nationalen Bildungswesens (Gesetz 9394/1996) - LDB - ist in den meisten brasilianischen Städten eine Expansion der privaten Hochschulbildung zu beobachten.

Diese Expansion hat sich in der Zahl der akkreditierten Hochschulen, in der Zulassung neuer Studiengänge und in der Erhöhung der Zahl der vom Bildungsministerium genehmigten Studienplätze niedergeschlagen. Dieses Wachstum hat den Wettbewerb zwischen den Hochschulen angekurbelt, da sich immer weniger Bewerber um die freien Stellen bewerben, und auch die Suche nach Studenten, die bereits an anderen Hochschulen eingeschrieben sind.

Dies wird zu einer Art Wettbewerb, der in gewisser Weise unfair ist und zu einem Rückgang der Einnahmen führt. Der Mangel an Studenten, um freie Plätze zu besetzen, Zahlungsausfälle, Studienabbrecher, Kursabbrüche und Hochschulwechsel führen zu ungenutzten Kapazitäten an diesen Einrichtungen.

Auch die Zahl der Schüler der Sekundarstufe, die für ein Hochschulstudium in Frage kommen, ist gestiegen. Es gibt auch Personen, die bereits die Sekundarschule oder eine gleichwertige Schule abgeschlossen haben und ein Hochschulstudium anstreben. Hinzu kommt die ständige Nachfrage des Arbeitsmarktes nach qualifizierten Fachkräften.

Damit die Hochschuleinrichtungen von diesen Programmen profitieren können, müssen einige Maßnahmen ergriffen werden. Aufgrund des großen Wettbewerbs auf dem Bildungsmarkt und der geringen Gewinnspannen in diesem Sektor sollten die Bildungseinrichtungen nicht nur mit Unterstützung einer spezialisierten Beratungsfirma die beste Steuerregelung analysieren, sondern auch alle derzeit verfügbaren Mittel und Programme der Bundesregierung als Finanzierungsquelle nutzen.

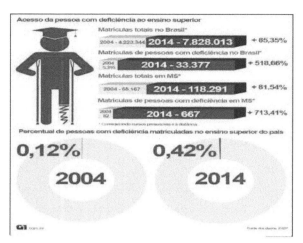

Abbildung 2: Zugang zur Hochschulbildung für Menschen mit Behinderungen

Quelle: INEP -http://portal.inep.gov.br/superiorcensosuperior-sinopse.

Nach den Daten des Hochschulzensus des Nationalen Instituts für Bildungsstudien und -forschung Anisio Teixeira (2015) ist der Zugang von Menschen mit Behinderungen zur Hochschulbildung in einem Zehnjahreszeitraum zwischen 2004 und 2014 gestiegen.

Im Jahr 2004 beispielsweise betrug die Zahl der Menschen mit Behinderungen, die sich in Brasilien in Präsenz- und Fernstudiengänge eingeschrieben haben, 5.395, was nur 0,12 % der Gesamteinschreibungen im Land ausmachte, im Vergleich zu 2014, wo es 4.223.344 waren.Laut Inep stieg 2014 aufgrund einer Reihe von Faktoren wie der Schaffung neuer Einrichtungen und Studiengänge sowie der Förderung des Zugangs durch Initiativen wie das Programm "Universität für alle" (PROUNI), die nationale Hochschulprüfung (Enem) und das Studienfinanzierungsprogramm (Fies) die Zahl der in der Hochschulbildung insgesamt eingeschriebenen Personen stark an, und auch die Zahl der Menschen mit Behinderungen, die diese Einrichtungen besuchen, nahm zu.

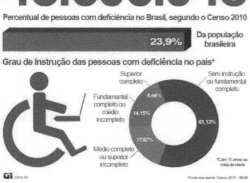

Pessoas com deficiência no Brasil

45.606.048

Percentual de pessoas com deficiência no Brasil, segundo o Censo 2010

23,9% — Da população brasileira

Grau de instrução das pessoas com deficiência no país*

- Superior completo — 6,66%
- Fundamental completo ou médio incompleto — 14,15%
- Médio completo ou superior incompleto — 17,67%
- Sem instrução ou fundamental completo — 61,13%

*Com 15 anos ou mais de idade

G1 .com.br   Fonte dos dados: Censo 2010 - IBGE

Abbildung 3: Menschen mit Behinderungen in Brasilien

Quelle: Zensus 2010-IBGE.

Inep (2015) weist darauf hin, dass im Jahr 2014 7.828.013 Studierende an den Hochschulen des Landes eingeschrieben waren, was einem Anstieg von 85,35 % im Vergleich zu 2004 entspricht. Bei den Studierenden mit sonderpädagogischem Förderbedarf betrug der Anstieg

518,66 Prozent und erreichte damit rund 33.377 Einschreibungen im Hochschulnetz.

Obwohl die Zahl der Menschen mit Behinderungen im Verhältnis zur Gesamtzahl der Studierenden an den Hochschulen des Landes um das Dreieinhalbfache gestiegen ist, lag der Anteil 2014 mit nur 0,42 % bei weitem nicht bei 1 % der Gesamtzahl.

Um den Umsatz der Schule zu steigern, mehr Schüler anzuziehen und die Zahl der Zahlungsausfälle zu verringern, ist es wichtig, dass die Schule die von der Regierung angebotenen Mittel und Anreizprogramme in Anspruch nimmt.

Zu den Faktoren, die die Hochschuleinrichtungen in Brasilien stark beeinträchtigten, gehörte die Kürzung der von der Bundesregierung für das Studienfinanzierungsprogramm (FIES) bereitgestellten Mittel.

Der Studienfinanzierungsfonds (FIES) verzeichnete 2013 einen Anstieg der Vertragsabschlüsse um 47 Prozent gegenüber 2012. Durch die Beschränkung einiger Studiengänge auf die Finanzierung verloren einige zugelassene Hochschulen einen Großteil ihrer Studienplätze. Angesichts des Mangels an Mitteln und neuen Studenten sind einige Hochschulen sogar vom Aussterben bedroht.

Die INEP-Studie (2013) enthält auch aktualisierte Zahlen zu den zwischen 2010 und Juni 2015 abgeschlossenen FIES-Verträgen, die sich auf insgesamt 2,1 Millionen belaufen. Es sei daran erinnert, dass sich die IES auf die Standards und Niveaus vorbereitet haben, die erforderlich sind, um den am wenigsten begünstigten jungen Brasilianern den Zugang zur Hochschulbildung zu ermöglichen und sie besser in die Lage zu versetzen, zur Entwicklung des Landes beizutragen, um den FIES zu erfüllen.

Nach den Änderungen des MEC im Jahr 2014 stellten jedoch die Erhöhung des Zinssatzes von 3,4 % auf 6,5 % pro Jahr, die Gewährung eines 5 %igen Rabatts auf die im Rahmen des Programms abgeschlossenen Kurse, die Ersetzung des Kriteriums des Bruttofamilieneinkommens durch das Pro-Kopf-Familieneinkommen und die Einführung einer progressiven Einkommensverpflichtung nach Gehaltsklassen restriktive Maßnahmen dar, die die Expansionsfähigkeit und Nachhaltigkeit des Programms im aktuellen makroökonomischen Szenario einschränkten.

Die Folge ist klar: Die Zahl der neuen Verträge ist 2015 um mehr als 50 % zurückgegangen, wodurch das Ziel, die Ziele des Nationalen Bildungsprogramms bis 2024 zu erreichen, in weite Ferne rückt.

Laut Barros und Amorim (2014, S. 35) bemühen sich die Einrichtungen, wenn Studierende die Mindestpunktzahl im Enem nicht erreichen, um FIES oder PROUNI zu erhalten, um Studierende zu gewinnen, indem sie bessere Chancen auf Studienfinanzierung entwickeln, was für Studierende mit finanziellen Schwierigkeiten attraktiv wird. Auf diese Weise können die Einrichtungen auf beiden Seiten gewinnen: bei den Studenten, die sie noch über FIES suchen, und bei denen, die eine private Finanzierung suchen, die über Partnerschaften mit Studentengruppen angeboten wird. Das ist Kreativität zur Überwindung der Finanzkrise. Ziel dieser föderalen Programme ist es, Studierenden den Zugang zu den Hochschulen zu erleichtern. PROUNI soll nur Personen zugute kommen, die ein Familieneinkommen von bis zu zweieinhalb Mindestgehältern pro Person haben und die Sekundarstufe an öffentlichen Schulen besucht haben. Davon sind Plätze für Schüler mit besonderem Bildungsbedarf verfügbar.

Laut Alvarez (2010) unterscheidet sich der FIES dadurch, dass es sich nicht um ein Stipendium handelt, bei dem der Student verpflichtet ist, das Studium in Raten über einen Zeitraum von bis zu 15 Jahren zu bezahlen. Die Universitäten erhalten eine begrenzte Anzahl von Plätzen und Verträgen pro Semester, und je höher das MEC-Rating der Institution ist, desto mehr Verträge werden für die Aufnahme von Studenten bereitgestellt. Dabei handelt es sich um ein 1999 ins Leben gerufenes Programm der Bundesregierung, das Studierenden an privaten Hochschuleinrichtungen Geld leiht. Im Jahr 2010, am Ende der Regierung Lula, wurde das Programm geändert, um mehr Menschen einzubeziehen, wobei die Zinssätze unter der Inflation lagen. Die Zinssätze fielen von 6,5 Prozent auf 3,4 Prozent pro Jahr. Untersuchungen ergaben, dass der Zugang zu Krediten zu Verzerrungen in der Hochschulbildung führte, doch die Ausgaben des FIES stiegen von 1,1 Mrd. R$ im Jahr 2010 auf 13,7 Mrd. R$ im Jahr 2014, was das Bildungsministerium Ende letzten Jahres dazu veranlasste, den Zugang zu dem Programm zu beschränken.

PROUNI wird vom Bildungsministerium als das größte Stipendienprogramm in der Geschichte des brasilianischen Bildungswesens angesehen, da in seinem ersten Auswahlverfahren, das 2005 stattfand, einhundertzwölftausend Stipendien in 1.142 Einrichtungen angeboten wurden, die das gesamte Staatsgebiet abdecken (Alves, 2010).

Ferreira (2012, S. 464) stellt hierzu fest, dass "[...] die Regierung sich für die Solvenz privater Hochschulen durch das Programm "Universität für alle" entschieden hat, das die Hochschuleinrichtungen von den Bundessteuern befreit und die Zahl der Studierenden an den Einrichtungen erhöht".

Der Bericht des TCU über die operationelle Prüfung von PROUNI und FIES (Brasil, 2009, S. 28) fasst zusammen, wer die Kriterien für die Zugehörigkeit zur Zielgruppe des Programms erfüllt.

Konkret können die Stipendien beantragt werden und sind auf diejenigen beschränkt, die die folgenden Voraussetzungen erfüllen: [...] die nationale Abiturprüfung (ENEM) ablegen, eine Mindestpunktzahl erreichen und eine der folgenden Bedingungen erfüllen: a) Abschluss der Sekundarstufe an einer öffentlichen Schule oder Abschluss der Sekundarstufe an einer öffentlichen Schule mit einem Vollstipendium oder Abschluss der Sekundarstufe teilweise an einer öffentlichen Schule und teilweise an einer privaten Einrichtung als Vollstipendiat der jeweiligen Einrichtung; b) Kandidat mit einer Behinderung; c) Lehrer des öffentlichen Grundschulnetzes in Vollzeitbeschäftigung als Teil des Stammpersonals der Einrichtung. Im letztgenannten Fall muss sich die Lehrkraft um einen Studienplatz, einen Studienplatz zur Normalisierung der Hochschulbildung oder einen Studienplatz für Pädagogik bewerben, wobei das Einkommenskriterium nicht als einschränkender Faktor gilt.

Zusätzlich zu diesen Regeln darf der Begünstigte keinen Abschluss auf diesem Bildungsniveau haben, nicht an einer öffentlichen Hochschuleinrichtung eingeschrieben sein, wenn er das Stipendium erhält, oder vom FIES in einem anderen Studiengang oder einer anderen Bildungseinrichtung als derjenigen, für die das Stipendium gewährt wurde, finanziert werden (Brasilien, 2009).

Von der Aufnahme in das Programm bis zur Vergabe des Stipendiums ist der folgende Prozess vorgesehen, wie von Mari (2011) erläutert: Der Kandidat muss die Nationale Hochschulprüfung (Enem) ablegen, da er entsprechend seiner Punktzahl eingestuft wird und das von der MEC festgelegte Mindestergebnis erreichen muss; die Bewerbung erfolgt über das Internet, über das

Online-System SisProuni, in dem der Student nach teilnehmenden Einrichtungen und Kursen sucht und angibt, für welche er sich bewerben möchte, sowie erklärt, dass er die Voraussetzungen für die Bewerbung um das Stipendium erfüllt; Nach Ablauf der Anmeldefrist werden die Studenten entsprechend ihrer Wahlmöglichkeiten und der im Enem erzielten Punktzahl eingestuft; nach dieser Einstufung muss der vorausgewählte Student der Bildungseinrichtung eine Reihe von Dokumenten vorlegen, um die sozioökonomischen Daten zu belegen, die er auf dem Anmeldeformular angegeben hat.

Was die Teilnahme von Hochschuleinrichtungen betrifft, so müssen sie ihre Kurse grundsätzlich positiv evaluieren lassen, und die Vorschriften sehen vor, dass diejenigen, die sich an dem Programm beteiligen, im Gegenzug einen steuerlichen Anreiz erhalten, indem sie von der Zahlung folgender Steuern befreit werden: Körperschaftssteuer (IRPJ), Sozialbeitrag auf Nettogewinne (CSLL), Beitrag zur Finanzierung der sozialen Sicherheit (COFINS) und das Programm zur sozialen Integration (PIS) (Alves, 2010).

Hochschuleinrichtungen, die PROUNI beitreten, sind jedoch verpflichtet, Stipendien zu gewähren, wobei Aspekte des Familieneinkommens und des Pro-Kopf-Einkommens berücksichtigt werden.

Nach Alves (2010) definiert das Einkommenskriterium die Art des Stipendiums, für das sich der Kandidat bewerben kann, wie folgt: Vollstipendium für Studenten mit einem Pro-Kopf-Familieneinkommen von bis zu 1,5 (eineinhalb) Mindestlöhnen; und Teilstipendium, wenn das monatliche Pro-Kopf-Einkommen mehr als eineinhalb Mindestlöhne und weniger als oder gleich drei Mindestlöhne beträgt, so dass der Kandidat ein 25 %- oder 50 %-Stipendium beantragen kann.

In den letzten 13 Jahren ist die Zahl der Einschreibungen im privaten Hochschulsektor in Parà um 221 % gestiegen. Der öffentliche Sektor verzeichnete einen Anstieg von 139 %. Zwischen 2012 und 2013 stieg die Gesamtzahl der Einschreibungen in Präsenzstudiengänge um 4,9 Prozent (125.000 im Jahr 2013 gegenüber 120.000 im Vorjahr), einschließlich privater Hochschulen (55.800 gegenüber 56.000, was einem leichten Rückgang von 0,3 Prozent entspricht) und öffentlicher Hochschulen (69.600 Einschreibungen im Jahr 2013 gegenüber 63.500 im Vorjahr, was einem Anstieg von 9,6 Prozent entspricht).

Im Jahr 2013 waren 55.800 Studierende an privaten Hochschulen (45 %) und 69.600 an öffentlichen Hochschulen (55 %) eingeschrieben, insgesamt also etwas mehr als 125.000 Studienanfänger.

Von den sechs Mesoregionen des Bundesstaates gab es 2013 nur eine einzige mit mehr als 85.000 Einschreibungen in Präsenzkursen: die Metropolregion von Belém. Es folgten die Mesoregion Baixo Amazonas mit fast 13.000 Einschreibungen und der Südosten und Nordosten von Para mit mehr als 10.000 Einschreibungen. Die beiden anderen Mesoregionen verzeichneten weniger als 5.000 Einschreibungen (INEP, 2013).

Die Zahl der Studienanfänger (im ersten Studienjahr) in den Präsenzstudiengängen in Parà ist zwischen 2012 und 2013 leicht um 3,5 % gesunken (40 000 Studienanfänger auf 38 000 im Jahr 2013). Im privaten Sektor betrug der Rückgang 2,4 Prozent (23.000 Studierende im Jahr 2012 auf 22.000 im Jahr 2013). Im öffentlichen Sektor betrug der Rückgang 4,9 Prozent (17.000 Studierende im Jahr 2012 auf 16.000 im Jahr 2013).

Nach Angaben von Chaves und Amaral (2015) ist die Zahl der Hochschuleinrichtungen in Parà zwischen 2000 und 2013 um 278 % auf insgesamt 34 Hochschulen (28 private und 6 öffentliche) gestiegen, verglichen mit 9 Hochschulen (6 private und 3 öffentliche) im Jahr 2000.

Im Zeitraum von 2012 bis 2013 blieb die Gesamtzahl der Einrichtungen zwar stabil, aber es gab einen Anstieg um eine Einrichtung im privaten Netzwerk und einen Rückgang um eine Einrichtung im öffentlichen Netzwerk. 26,5 % der jährlichen Abbrecher von Präsenzkursen im Bundesstaat erreichten das private Netzwerk und 18 % das öffentliche Netzwerk, wobei die Mesoregionen Lower Amazonas (42,8 %) und Northeast Para (26,7 %) höhere Raten aufweisen als der Bundesstaat (26,5 %).

In Parà wurden zwischen Januar 2010 und Juni 2015 rund 31.000 Verträge mit dem Studentenfinanzierungsfonds (Fies) abgeschlossen. Die Metropolregion Belém war für 85,5 % (26 600) der Verträge im selben Zeitraum verantwortlich. Die drei Mesoregionen Baixas Amazonas, Sudeste Paraense und Sudoeste Paraense hatten weniger als 3.000 Verträge. In den beiden übrigen Regionen wurden in diesem Zeitraum keine Verträge abgeschlossen.

2. 3 HOHE STEUERN UND KOSTEN IN DER HOCHSCHULVERWALTUNG

2.3.1 Kosten im Hochschulmanagement

Die derzeitige Situation im brasilianischen Hochschulwesen zwingt die Einrichtungen, sich an den Wettbewerbsmarkt anzupassen. Das strategische Management von Kosten und Steuern kann den Managern die notwendigen Informationen liefern, um ihre Geschäftspolitik zu erneuern und Informationen zu liefern, die helfen können, die Wettbewerbsleistung zu definieren, die die Kontinuität des Unternehmens auf lange Sicht bestimmen wird.

Mit einem solchen Management wird es möglich sein, Berichte mit geschäftsfreundlichen Informationen zu erstellen, die Indikatoren enthalten, die es ermöglichen, die Kosten zwischen ähnlichen Einrichtungen zu vergleichen und die Kontrolle von Maßnahmen zu betonen, die keinen Mehrwert für die Einrichtungen bringen.

Das Erkennen der Kosten der Hochschulbildung ist eine wesentliche Voraussetzung für die Vermeidung von Ressourcenverschwendung. Daher ist das Kostenmanagement ein wesentliches Instrument für den angemessenen Einsatz von Ressourcen.

Die Ermittlung der Kosten in einer Hochschuleinrichtung durch Kostenrechnung ist komplex, da die Kosten zugewiesen werden müssen. Dies liegt daran, dass die Einrichtungen häufig gemeinsame Kosten für die Erbringung von Dienstleistungen für die verschiedenen Einheiten haben.

Die Kostenrechnung wird von Magalhaes (2010) als ein Zweig der Finanzbuchhaltung definiert und besteht aus der Erfassung, Organisation, Analyse und Interpretation der Kosten der Produkte oder Dienstleistungen einer Organisation, um sie zu kontrollieren und den Managern zu helfen, Entscheidungen zu treffen und ihre Aktivitäten zu planen.

Zu bestimmen, was die Kosten der Lehre ausmacht und wie sie zu ermitteln sind, ist von grundlegender Bedeutung für die Investoren, da sie auf diese Weise erfahren können, ob die von ihnen ausgegebenen Mittel ihnen einen Nutzen (Rendite) bringen, und für die Hochschuleinrichtungen selbst, da dies dazu beiträgt, die Effizienz und Effektivität des Einsatzes ihrer Ressourcen sicherzustellen.

Die Kenntnis der Kosten der brasilianischen Hochschuleinrichtungen ist für die Vermeidung von Ressourcenverschwendung unerlässlich. Aus dieser Situation heraus lässt sich sagen, dass das Kostenmanagement daher das wichtigste Instrument für die korrekte Nutzung der Ressourcen ist. Kostenmanagement bedeutet die systematische Überwachung des Umfangs der in jedem Bereich investierten Ressourcen und die Überprüfung ihrer effektiven Nutzung.

In privaten Einrichtungen wird zur Einhaltung der von der brasilianischen Steuerbehörde auferlegten Regeln bezüglich der Steuerbemessungsgrundlage die Vollkostenrechnung verwendet, die nach Soares (2014) alle Produktionskosten als Produktkosten betrachtet, unabhängig von den zuzuordnenden Kosten.

Private Einrichtungen beziehen ihre Einnahmen aus Studiengebühren. Daher wird dem Studenten als Nutzer/Kunde der angebotenen Dienstleistung besondere Aufmerksamkeit geschenkt. Aufgrund des Wettbewerbs um Studierende, Lehrkräfte und ein positives Image in der Gesellschaft muss die Verwaltung immer professioneller und engagierter sein, um die gewünschten Ziele zu erreichen.

Jede Form der Kostenrechnung erfordert eine angemessene Datenbasis für die Ausgaben und eine gründliche Kenntnis der einzelnen Aktivitäten von Bildungseinrichtungen, da diese ihre eigenen Besonderheiten haben.

Jede Aktivität, die an den Hochschulen durchgeführt wird, verursacht Kosten entsprechend der

Existenz der Komponente, die die Ausgaben verursacht, so dass wir sie in vier Kostenkategorien unterteilen können, denen jeweils die verursachenden Aktivitäten zugeordnet sind: Lehrkosten, Kosten für Forschung und Erweiterung, Verwaltungskosten und Instandhaltungskosten.

Einige Institutionen haben spezifische Kosten, wie z.B. die Erweiterung der physischen Einrichtungen, die Instandhaltung von Universitätskliniken (falls vorhanden) und andere.

Die Kosten für die Lehre stehen jedoch im Zusammenhang mit der vorangegangenen Erklärung, und es wird vorgeschlagen, dass die Lehrkosten die Ausgaben der Studierenden im Klassenzimmer sowie die Ausgaben für die Ausstattung und das Lehrmaterial (Ausgaben für den Kauf von Fernsehgeräten und Videos/DVDs, Overheadprojektoren, Diaprojektoren usw.) umfassen sollten, d. h. wenn sie sich auf die Studiengänge für Studierende und Postgraduierte beziehen (Silveira & Wakim, 2010).

Es sei daran erinnert, dass die Gehälter von Lehrkräften (falls vorhanden) Leistungen wie Kranken- und Zahnversicherung, Tagegelder, Sozialabgaben und Ermäßigungen auf die Studiengebühren für unterhaltsberechtigte Kinder usw. enthalten.

Sie decken auch die Mindereinnahmen aufgrund von Lehrstipendien ab, die den Studierenden im Rahmen ihrer Studiengebühren entweder für Überwachungstätigkeiten oder aus finanzieller Not gewährt werden, so dass diese Ausgaben ebenfalls zu den Lehrkosten gehören.

Das Gesetz 9.394 vom 20. Dezember 1996 legt die Richtlinien und Grundlagen der Bildung fest. Artikel 70 dieses Gesetzes besagt Folgendes:

> "Ausgaben für die Aufrechterhaltung und Entwicklung des Bildungswesens gelten als Ausgaben, die zur Erreichung der grundlegenden Ziele der Bildungseinrichtungen auf allen Ebenen getätigt werden, einschließlich der Ausgaben für:
>
> I - Entlohnung und Entwicklung von Lehrkräften und anderen Bildungsfachleuten;
>
> II - Erwerb, Wartung, Bau und Instandhaltung der für den Unterricht erforderlichen Einrichtungen und Ausrüstungen;
>
> III - Nutzung und Instandhaltung von Gütern und Dienstleistungen im Zusammenhang mit Bildung;
>
> IV - statistische Erhebungen, Studien und Forschungsarbeiten, die in erster Linie auf die Verbesserung der Qualität und den Ausbau der Bildung abzielen;
>
> V - Durchführung von mittleren Tätigkeiten, die für das Funktionieren der Bildungssysteme erforderlich sind;
>
> VI - Stipendien für Schüler öffentlicher und staatlicher Schulen;
>
> VII - Amortisation und Kalkulation von Kreditgeschäften, die den Bestimmungen dieses Artikels entsprechen sollen;

VIII - Anschaffung von Lehrmitteln und Unterhaltung von Schülerbeförderungsprogrammen".

Es ist zu betonen, dass der größte Teil der Kosten der Hochschulbildung auf die Humanressourcen entfällt. Dies sind jedoch nicht die einzigen Faktoren, die die Kosten der akademischen Tätigkeit ausmachen, denn neben der Anzahl der Lehrkräfte werden die Ausgaben auch der Qualifikation des Lehrpersonals zugeschrieben, da promovierte Lehrkräfte höhere Gehälter erhalten.

Die Kosten für Forschung und Erweiterung beziehen sich auf Forschungs- und Erweiterungsaktivitäten, d. h. Kosten, die im Rahmen der Ausbildung der Studierenden anfallen, aber nicht als Lehrkosten bewertet werden. Sie setzen sich zusammen aus den Gehältern (zusätzlich zu den Sozialleistungen) der Lehrkräfte, die die Forschungs- und Erweiterungsaktivitäten durchführen, den Materialien für die Durchführung dieser Aktivitäten und den an die Studierenden gezahlten Forschungs- und Erweiterungsstipendien (Siviero, 2009).

Die für diese Aufgaben verwendeten Geräte und Materialien sind die Ausgaben für den Kauf verschiedener Materialien wie Computer, Drucker, Software, Mikroskope, Büromaterialien, Materialien für soziale Projekte und andere. Forschungs- und Erweiterungsstipendien sind Ermäßigungen, die Studenten für die Durchführung von Forschungs- und Erweiterungsaktivitäten, wie z. B. Forschungsförderungsprojekte, auf ihre Studiengebühren erhalten.

Nach Carreira und Pinto (2008) gelten Wartungskosten als Instandhaltungskosten, wenn sie mit grundlegenden Ausgaben verbunden sind, wie z. B. der Instandhaltung der Bibliotheksausstattung, der Labore, Energie, Wasser und Abwasser, Telefon, Internet, Reinigung und anderen. Für die Instandhaltung der Geräte, der Bibliothek und der Labore sind Techniker erforderlich, die diese Tätigkeiten ausführen, sowie Ausgaben für das Aufräumen und die Reinigung der Räume.

Nach Zonato, Cordeiro und Scarpin (2012) sind "Verwaltungskosten solche, die die Aktivitäten der Planung, Koordinierung, Organisation und Kontrolle der Organisation betreffen. Als solche sind sie Ausgaben, die nicht genau im Verhältnis zu den erzielten Einnahmen ermittelt werden können". Sie werden normalerweise als Ausgaben für den Zeitraum betrachtet und nicht nach Art der Einnahmen aufgeteilt und daher als indirekte Ausgaben/Kosten eingestuft.

Nach dem Nationalen Gesetz über die Richtlinien und Grundlagen des Bildungswesens (LDB) Nr. 9.394 vom 20. Dezember 1996, Art. 71, gelten Ausgaben für die Aufrechterhaltung und Entwicklung des Bildungswesens nicht als solche, die mit:

I - Forschung, wenn sie nicht mit Bildungseinrichtungen verbunden ist oder wenn sie außerhalb der Bildungssysteme durchgeführt wird und nicht in erster Linie darauf abzielt, deren Qualität zu verbessern oder sie zu erweitern;

II - Subventionierung von öffentlichen oder privaten Wohlfahrts-, Sport- oder

Kultureinrichtungen;

III - Ausbildung von Spezialpersonal für die öffentliche Verwaltung, ob militärisch oder zivil, einschließlich des diplomatischen Personals;

IV - Zusatznahrungsprogramme, medizinische, zahnärztliche, pharmazeutische und psychologische Hilfe sowie andere Formen der sozialen Unterstützung;

V - Infrastrukturarbeiten, auch wenn diese direkt oder indirekt dem Schulnetz zugute kommen;

VI - Lehrkräfte und andere Beschäftigte des Bildungswesens, wenn sie ihre Aufgaben nicht wahrnehmen oder mit Tätigkeiten beschäftigt sind, die nicht mit der Aufrechterhaltung und Entwicklung des Bildungswesens zusammenhängen.

Diese Kosten stehen im Zusammenhang mit den operativen Tätigkeiten der Einrichtung und umfassen daher die Kosten für die Geschäftsleitung, die Kurskoordinatoren und den Bereich der Studentenbetreuung. Sie umfassen die Personalkosten sowie alle anderen bereits erwähnten Kosten, wie Verbrauchsmaterial und Finanzkosten (Zinszahlungen für Darlehen, Vertriebskosten wie Werbung und Steuerkosten).

Daraus lässt sich schließen, dass die Kenntnis der Kosten der Hochschuleinrichtungen von wesentlicher Bedeutung ist, um den Verkaufspreis der erhobenen Studiengebühren richtig zu gestalten, da ein falsches Kostenmanagement zu höheren Studiengebühren führt und das "Produkt" Bildung auf dem Markt weniger wettbewerbsfähig ist.

Laut Lourereiro (2011) sollten Überlegungen zu den Kosten der brasilianischen Hochschulbildung zu einer sofortigen Suche nach einem effektiveren Management und institutionellen Anpassungen bei der Bereitstellung von Fächern führen, die sowohl die Ausweitung der Dienstleistungen für die Bevölkerung als auch die Exzellenz des Lehrangebots ermöglichen und gleichzeitig einen rationalen Ausgleich der derzeit erhobenen Kosten ermöglichen.

2.3.2 Steuern an privaten Hochschuleinrichtungen

Das Haupthindernis für das Wachstum und den Wettbewerb (Konkurrenz) der Unternehmen und sogar für ihr Überleben ist die hohe Steuerlast in Brasilien, da die Steuerlast bei der Bildung des Verkaufspreises eine Differenz darstellen kann, wodurch die Unternehmen aufgrund der hohen Betriebskosten weniger wettbewerbsfähig sind.

Die Definition einer Steuer ist im Nationalen Steuergesetzbuch in Artikel 3 festgelegt, in dem es heißt: "Eine Steuer ist jede obligatorische Geldzahlung, die in Geld ausgedrückt ist oder deren Wert in Geld ausgedrückt werden kann, die keine Strafe für eine rechtswidrige Handlung darstellt, gesetzlich festgelegt ist und durch eine vollständig verbindliche Verwaltungstätigkeit erhoben wird".

Bei der Analyse des angemessenen Begriffs der Abgabe kommt man zu dem Schluss, dass es sich um eine grundlegende Pflicht handelt, die in einer Geldzahlung (in bar) besteht und nicht die Auferlegung einer Strafe darstellt, die von denjenigen verlangt wird, die den gesetzlich beschriebenen Sachverhalt in Übereinstimmung mit der von der Verfassung gewährten spezifischen Zuständigkeit und mit dem Ziel der Erzielung von Einnahmen für öffentliche Bedürfnisse ausgeführt haben (Sabbag, 2009).

Der Staat seinerseits kann die Nachfrage nach Bildung im Land nicht vollständig befriedigen, so dass sich die öffentlichen Schulen als Ausweg herauskristallisiert haben, um die vom Staat hinterlassene Lücke zu füllen, was sie jedoch nicht davor bewahrt, durch die hohe Steuerbelastung des Sektors benachteiligt zu werden.

Laut Siqueira (2011) ist das Steuerrecht zu umfangreich und komplex, um vollständig verstanden zu werden. Gleichzeitig ist es dynamisch, d.h. es ändert sich ständig. Aus diesem Grund muss ein guter Steuerverwalter diese Änderungen stets im Blick haben und wissen, wie er die Auswirkungen auf das Unternehmen steuern kann.

Um das derzeitige nationale Steuersystem besser zu verstehen, müssen wir seine Funktionsweise betrachten: Die Bundesverfassung hat das nationale Steuersystem geschaffen, das die rechtlichen Regeln für die Ausübung der Besteuerungsbefugnis durch die verschiedenen Steuersubjekte darstellt. Die Steuern werden also von den Gemeinden, den Ländern und dem Bund erhoben.

Die wichtigsten Steuern, denen private Bildungseinrichtungen unterliegen, werden erhoben auf

- Einnahmen (Umsatz oder Bruttoabsatz);

- Gehaltsabrechnung (und Einstellung von Personen);

- Gewinn;

- Pro-Labore (Vergütung des Partners);

- den Besitz oder die Übertragung von beweglichem oder unbeweglichem Vermögen. Beispiele: IPVA, IPTU und ITBI.

Geht man von der Inzidenzvermutung aus, unterliegen Bildungseinrichtungen den folgenden Steuern:

PIS - Programm zur sozialen Integration - Bundessteuer. Sie wird auf den Umsatz von Unternehmen erhoben, die durch die Real- und Presumed Profits besteuert werden. Die Steuersätze variieren zwischen 1,65 % und 0,65 %, je nach den jeweiligen Steuerregelungen.

COFINS - Beitrag zur Finanzierung der sozialen Sicherheit - Bundessteuer. Sie wird auf den Umsatz von Unternehmen erhoben, die mit den realen und mutmaßlichen Gewinnen besteuert werden. Die Sätze variieren zwischen 7,60 % und 3,00 %, je nach den jeweiligen Steuerregelungen.

IRPJ - Körperschaftssteuer - Bundessteuer. Unternehmen, die sich für den echten Gewinn entscheiden, werden nur besteuert, wenn sie in einem bestimmten Zeitraum einen Gewinn erzielen. Bei Unternehmen, die sich für den mutmaßlichen Gewinn entscheiden, wird die Steuer vierteljährlich erhoben. Der Steuersatz beträgt 15 %, aber je nach dem Gewinn in dem betreffenden Zeitraum kann ein Zuschlag von 10 % erhoben werden.

CSLL - Sozialbeitrag auf den Nettogewinn - Bundessteuer. Unternehmen, die sich für den echten Gewinn entscheiden, werden nur besteuert, wenn das Unternehmen in einem bestimmten Zeitraum einen Gewinn erzielt. Unternehmen, die sich für den mutmaßlichen Gewinn entscheiden, werden vierteljährlich besteuert. Der Steuersatz beträgt 9 %.

ISS - Dienstleistungssteuer - Gemeindesteuer. Sie wird auf die erbrachten Dienstleistungen (Rechnungsstellung) auf monatlicher Basis erhoben. Die Sätze variieren je nach der Gesetzgebung der einzelnen Gemeinden.

Sozialversicherungsbeitrag - INSS Arbeitgeberbeitrag - Dieser Beitrag wird auf die Lohnsumme, die Einstellung von Freiberuflern oder Genossenschaften, von Unternehmen, die auf der Grundlage des realen Gewinns besteuert werden, des mutmaßlichen Gewinns und von gemeinnützigen Einrichtungen, die keine Wohltätigkeitsorganisationen sind, erhoben. Der Satz beträgt 20 %, außer für Genossenschaften, deren Satz 15 % beträgt.

Es ist zu beachten, dass die Steuerinzidenz und die Steuerlast direkt mit der von der Bildungseinrichtung gewählten Steuerregelung zusammenhängen. Daher ist eine sorgfältige Analyse unerlässlich, wenn es darum geht, die von der Einrichtung gewählte Steuerregelung festzulegen, da diese Entscheidung zu Beginn des Jahres getroffen wird und für das gesamte Kalenderjahr maßgeblich ist.

Die richtige Steuerwahl ist die niedrigstmögliche Steuerbelastung auf legale Weise.

2.4 DAS PROFIL VON FÜHRUNGSKRÄFTEN IN PRIVATEN HOCHSCHULEINRICHTUNGEN.

Das Verständnis von Bildungsmanagern für die Veränderungen, die im Managementmodell stattgefunden haben, und für ihre neuen Verantwortlichkeiten in der Organisation ist noch im Anfangsstadium, wenn man das derzeitige Verhalten der Hochschuleinrichtungen auf dem Markt betrachtet. Es ist nicht ungewöhnlich, Fachleute in Führungspositionen zu finden, die sich über den Umfang ihrer strategischen Funktionen im Unklaren sind. Dies ist darauf zurückzuführen, dass die internen Funktionen der Organisation immer noch überbewertet werden, ohne dass die Auswirkungen externer Variablen und deren Folgen für die Entscheidungsfindung richtig verstanden werden. Dies kann dazu führen, dass die Bildungseinrichtung in unangemessener Weise als ein autarkes Umfeld charakterisiert wird, das eindeutig mechanistische Tendenzen aufweist, die im Widerspruch zu den neu entstehenden Paradigmen stehen.

Seit der Verabschiedung des Gesetzes über die Richtlinien und Grundlagen des nationalen Bildungswesens (Gesetz 9394/1996) - LDB - ist in den meisten brasilianischen Städten eine Expansion der privaten Hochschulbildung zu beobachten. Diese Expansion hat sich in der Zahl der akkreditierten Hochschuleinrichtungen, in der Zulassung neuer Studiengänge und in der Zunahme der vom Bildungsministerium (MEC) genehmigten Studienplätze niedergeschlagen. Dieses Wachstum stimuliert den Wettbewerb zwischen den Hochschuleinrichtungen mit einer immer kleineren Zahl von Bewerbern, die sich um freie Stellen bewerben, und auch bei der Suche nach Studenten, die bereits an anderen Hochschuleinrichtungen eingeschrieben sind. Diese Art von Wettbewerb, der in gewisser Weise unfair ist, führt zu einem Rückgang der Einnahmen der privaten Hochschulen. Der Mangel an Studierenden, die freie Plätze besetzen können, Studienabbrüche, Studienabbrüche und Überweisungen an andere Hochschuleinrichtungen führen zu ungenutzten Kapazitäten an diesen Einrichtungen (De Andrade, 2006).

Auch die Zahl der Schüler der Sekundarstufe, die für ein Hochschulstudium in Frage kommen, ist gestiegen. Es gibt auch Personen, die bereits die Sekundarschule oder eine gleichwertige Schule abgeschlossen haben und ein Hochschulstudium anstreben. Hinzu kommt die ständige Nachfrage des Arbeitsmarktes nach qualifizierten Fachkräften.

Der Transformationsprozess, der sich seit den 1990er Jahren im Hochschulsektor vollzogen hat, hat den Arbeitsprozess in den Bildungseinrichtungen und damit auch die Aufgaben der Studiengangskoordinatoren erheblich verändert. Heutzutage müssen sich die Manager der bestehenden Anforderungen in diesem Bereich bewusst sein und Lösungen schaffen, die den Bedürfnissen des gesamten Studiengangs und der Hochschuleinrichtung entsprechen. Neue Managementtechniken und -kenntnisse sind erforderlich, was zu neuen akademischen Verfahren führt (Fernandes, 2012).

Seit 1996, mit dem neuen LDB, hat der Studiengang die Form einer akademisch-administrativen Einheit innerhalb der Hochschuleinrichtung angenommen und sein Koordinator wurde als Leiter dieser Einheit angesehen. Die Organisation der Fachbereiche wurde durch eine neue Organisation der Studiengänge abgelöst, deren Verwaltung auf kollegialen Gremien beruht, in denen die Lehrkräfte nach Fachgebieten oder nach Studiengängen (Grund- und Fachstudium) zusammengeschlossen sind. Diese neue Organisation erfordert, dass der Studiengangskoordinator eine globale Vision des Berufsbildungsangebots hat. Die neue Rolle des Lehrgangskoordinators, die einer Lehrkraft zugewiesen wird, egal wie qualifiziert sie ist, erfordert mehr Wissen über

Geschäftsbeziehungen, über das die Lehrkraft nicht immer verfügt. Es entsteht ein neues Verwaltungskonzept.

Der Manager ist verpflichtet, sich dem Auftrag, den Überzeugungen und den Werten der Institution zu verpflichten und die Rolle eines Managers zu übernehmen, der in der Lage ist, komplexe Aufgaben zu erfüllen, wie z. B. die Verwaltung und Umsetzung der Vorgaben des Bildungsministeriums, das pädagogische Projekt des Kurses, die Kenntnis und Anwendung neuer Technologien, die Leitung von Lehrerteams, die Bewertung des Lehr-Lern-Prozesses und die Anpassung des Kurses an die neuen Bedürfnisse des Arbeitsmarktes, ohne dabei die Qualität des Unterrichts zu beeinträchtigen (Delfino *et al.* (2008)).

Das Studiengangsmanagement muss pädagogische, strategische und finanzielle Ergebnisse bringen, letztere im Falle privater Hochschuleinrichtungen, die Gewinnung neuer Studenten, die Leistung und Zufriedenheit der Studenten, die Verringerung von Studienabbrüchen, Misserfolgen und Beschwerden über den Studiengang. Es geht nicht nur um die technische Kompetenz des Managers, die sich auf das operative Know-how konzentriert, sondern um das Wissen, das Wissen, wie man ist, und das Wissen, wie man zusammenlebt, d. h. das Wissen über Daten allein ist unzureichend, es muss mit Initiative, Arbeitsmotivation und zwischenmenschlichen Beziehungen kombiniert werden, wobei sozio-affektives und kognitives Wissen kombiniert werden muss (Delfino et *al.* 2008).

Dieses Konzept wurde im Laufe der Zeit umformuliert, und heute agiert der Studiengangskoordinator als Koordinator-Manager, der, wenn er auch keine Entscheidungen trifft, doch die Möglichkeit hat, diese zu beeinflussen. Seine Rolle ist mehr als die eines "einfachen Vermittlers zwischen Studierenden, Lehrkräften und den höheren Kollegialorganen", sie ist die eines Managers des politisch-pädagogischen Projekts des Studiengangs, mit der Mission und den Zielen der Hochschuleinrichtung als Bezugspunkt. Er muss auch neue Fähigkeiten hinzufügen, wie "Teamführung", um erfolgreiche Teams zu bilden, und "Wahrnehmung von Markttrends", um Marketingstrategien für die Bekanntmachung des Studiengangs zu beeinflussen.

Die Hochschulen haben einen so tiefgreifenden Wandel durchlaufen, dass sie ein stärker partizipatives Management benötigen, das die Interaktion zwischen den verschiedenen Ebenen und kollegialen Gremien durch flexible Kommunikationskanäle fördert, die einen schnellen Informationsfluss ermöglichen und die Entscheidungsfindung erleichtern. Zusätzlich zu den oben genannten Aspekten sollten die Führungsqualitäten des Koordinators gefördert werden, um ein kooperatives Management zu unterstützen, bei dem alle mitwirken, mithelfen, Entscheidungen diskutieren und beeinflussen und darüber informiert werden (Mastella & Reis, 2008).

Das Profil des Bildungsmanagers liegt auf der taktischen Ebene, mit horizontalen und vertikalen Interaktionen mit den anderen kollegialen Organen der Hochschuleinrichtung. Daher sind neue

Fähigkeiten erforderlich, und in vielen Fällen ist eine Ausbildung nützlich, um das Potenzial der Hochschulmanager richtig zu steuern. Der Manager muss daher dynamischere und wirksamere Strategien entwickeln und sie an die Modernisierung anpassen, die durch technologische Fortschritte, wirtschaftliche Entwicklungen und zeitgenössische Veränderungen vorgeschlagen wird. Es ist von grundlegender Bedeutung für Manager, unternehmerisch zu handeln und Wissen zu fördern, um die soziale, wirtschaftliche, politische, kulturelle und pädagogische Realität der akademischen Räume zu verändern (Bonfiglio, Beber & Silva, 2014).

Heutzutage konzentrieren sich die Bewertungsinstrumente des MEC jedoch auf den akademischen Hintergrund des Koordinators - den Abschluss - und die Dauer seiner Beteiligung an Managementaktivitäten sowie sein Engagement. Die Instrumente zielen nicht darauf ab, diese neuen Fähigkeiten zu bewerten, die hier als wichtig für die Verbesserung des Managements des Lehr-Lern-Prozesses genannt werden.

KAPITEL 3: ABGRENZUNG DES KONTEXTES DER STUDIE

3.1 METHODISCHE WEGE UNSERER FORSCHUNG

3.1.1 Ort der Forschung

Die Geschichte von Marabà, einer der bevölkerungsreichsten und wohlhabendsten Gemeinden im brasilianischen Bundesstaat Parà, reicht traditionell von der Ankunft von Drogenhändlern aus dem Sertao und politischen Führern aus dem Norden der Provinz Goyaz bis in die Gegenwart. Obwohl das Gebiet seit prähistorischen Zeiten ununterbrochen von nomadischen Indianern bewohnt wurde, blieb die Region bis Anfang der 1890er Jahre praktisch unberührt, mit seltenen Kontakten zu Europäern und Bandeirantes, die die Region seit dem ersten Jahrhundert erkundeten.

Im Jahr 1894 zog Oberst Carlos Leitao mit seiner Familie und seinen Mitarbeitern in den Südosten von Parà und errichtete sein erstes Lager in einem Ort, der am Zusammenfluss der Flüsse Tocantins und Itacaiunas liegt und später Pontal do Itacaiuna genannt wurde. Mit dem zunehmenden Wohlstand, der durch den Handel mit Caucho und später mit Paranüssen entstand, zog die Region viele Einwanderer an, und ab 1903 begann das Dorf Pontal für seine Emanzipation zu kämpfen. Im Jahr 1913 wurde Marabà, vor allem dank des Einflusses von Oberst António Maia, emanzipiert.

Zwischen 1913 und den 2000er Jahren hat Marabà eine schwindelerregende Entwicklung durchlaufen, die von den Zyklen des Bergbaus bis zu den Zeiten der starken industriellen Ausprägung reichte. Mit einer von zahlreichen Konflikten geprägten Geschichte waren das 20. und 21. Jahrhundert in der Gemeinde besonders ereignisreich: Aufstieg und Fall von Oligarchien, emanzipatorische Revolutionen, kommunistische Guerillas, Massaker an Ureinwohnern und Arbeitern, Konflikte um Landbesitz, die Entdeckung großer Bodenschätze, staatliche Großprojekte, politische Skandale und demografische Explosionen.

Seit den 1970er Jahren haben anthropologische Studien im Itacaiunas-Becken und in der Serra dos Carajàs die Beobachtung sehr alter Siedlungen im Gebiet von Marabà ermöglicht, was einen besseren Einblick in die menschliche Besiedlung der Region ermöglichte. Durch diese Untersuchungen konnte festgestellt werden, dass die Region von präkabrischen Gesellschaften bewohnt war, d. h. vor der europäischen Kolonisation. Bei eingehenden Untersuchungen in den Höhlen und Grotten der Serra dos Carajàs wurden Spuren sehr alter und komplexer nomadischer Jäger- und Sammlergesellschaften gefunden, deren Besiedlung auf etwa 9.000 Jahre vor Christus zurückgeht.

Im Jahr 2012 erlebte die Gemeinde ihre größte Haushaltskrise. Angesichts einer überhöhten Lohnsumme und umfangreicher Bauarbeiten reichten die kommunalen Einnahmen nicht aus, um alle Personalkosten zu decken und grundlegende Dienstleistungen wie Krankenhäuser, Müllabfuhr und Schulen aufrechtzuerhalten. Infolgedessen streikte der öffentliche Dienst der Stadtverwaltung, weil die Gehälter nicht gezahlt wurden. Die Schulden erreichten im November 2012 110 Millionen R$.

Ein weiterer Faktor, der das Ausmaß der Finanzkrise verschärfte, war der Rückgang der Steuereinnahmen. Die Wirtschaftskrise hat nicht nur den lokalen Industriepark (den größten Steuerzahler) praktisch lahmgelegt, sondern auch dazu geführt, dass andere Mineralien-, Landwirtschafts- und Handelsunternehmen, die sich in der Gemeinde niedergelassen hatten, aufgegeben wurden.

Die Gemeinde Tucurui liegt im Bundesstaat Parà, in der Mikroregion Tucurui und der Mesoregion Southeast Para. Die Gemeinde ist bekannt für das größte Wasserkraftwerk Brasiliens und das viertgrößte der Welt: das Wasserkraftwerk Tucurui, das seit dem 22. November 1984 von Eletronorte gebaut und betrieben wird.

Nach Schätzungen des brasilianischen Instituts für Geografie und Statistik (IBGE) hatte die Gemeinde im Jahr 2015 107.189 Einwohner und eine Fläche von 2.086 km^2. Sie ist die älteste noch bestehende Stadt im Südosten von Parà (Region Carajás), die 1779 als portugiesische Militärkolonie gegründet wurde.

Die Stadt Parauapebas ist eine brasilianische Gemeinde im Bundesstaat Parâ. Ihre Einwohnerzahl wurde vom brasilianischen Institut für Geografie und Statistik (IBGE) im Jahr 2015 auf 189.921 geschätzt, womit sie die fünftgrößte Gemeinde im Bundesstaat ist. Ihr Bruttoinlandsprodukt, das sich 2013 auf 20,2 Milliarden Reais belief, war nach dem BIP der Hauptstadt Belém das zweitgrößte. Im selben Jahr betrug das Bruttoinlandsprodukt pro Kopf der Bevölkerung 114.700 R$ und war damit das dritthöchste im Bundesstaat. Sie liegt 719 Kilometer von der Hauptstadt Belém entfernt.

3.1.2 - Art der Forschung

Die Forschung hat einen deskriptiven und erklärenden Charakter, wobei die Fakten der physischen Welt ohne die Einmischung des Forschers analysiert, aufgezeichnet und interpretiert werden. Der Zweck der deskriptiven Forschung besteht darin, Phänomene oder technische Systeme zu beobachten, aufzuzeichnen und zu analysieren, ohne jedoch auf die Vorzüge des Inhalts einzugehen (Barros & Lehfeld, 2007).

Laut Prodanov und De Freitas (2013) zielt die deskriptive Forschung darauf ab, die Merkmale einer Population, eines Phänomens oder einer Erfahrung zu beschreiben. Bei dieser Art von Forschung darf der Forscher nicht eingreifen, um die wissenschaftliche Neutralität zu wahren. Er soll nur herausfinden, wie oft ein Phänomen auftritt oder wie ein System, eine Methode, ein Prozess oder die betriebliche Realität strukturiert ist und funktioniert. Diese Art der Forschung ist diejenige, die das Wissen über die Realität am meisten vertieft, weshalb sie sich stark auf experimentelle Methoden stützt.

Diese Art der Forschung kann als Fallstudie verstanden werden, bei der nach der Datenerhebung eine Analyse der Beziehungen zwischen den Variablen durchgeführt wird, um anschließend die daraus resultierenden Auswirkungen auf ein Unternehmen, ein Produktionssystem oder ein Produkt zu bestimmen (Perovano, 2014).

Nach Gil (2007) zielt die erklärende Forschung darauf ab, die Faktoren zu ermitteln, die das Auftreten von Phänomenen bestimmen oder dazu beitragen, d. h. diese Art der Forschung erklärt anhand der angebotenen Ergebnisse, warum Dinge geschehen. Die erklärende Forschung kann die Fortsetzung der deskriptiven Forschung sein, da die Ermittlung der Faktoren, die ein Phänomen bestimmen, eine ausreichende Beschreibung und Detaillierung erfordert. Diese Art von Forschung kann als experimentell und *ex-postfacto* klassifiziert werden.

Nach Silveira und Cordova (2009) ermöglicht die Forschung die Annäherung und das Verständnis der zu untersuchenden Realität als einen permanent unvollendeten Prozess. Sie erfolgt durch eine sukzessive Annäherung an die Realität und bietet Subventionen für einen Eingriff in die Realität. Dem Autor zufolge ist die wissenschaftliche Forschung das Ergebnis einer detaillierten Untersuchung oder Prüfung, die mit dem Ziel durchgeführt wird, ein Problem mit Hilfe wissenschaftlicher Verfahren zu lösen. Sie untersucht eine qualifizierte Person oder Gruppe (Untersuchungsgegenstand), die sich mit einem Aspekt der Realität (Untersuchungsobjekt) befasst, um Hypothesen experimentell zu beweisen (experimentelle Untersuchung), sie zu beschreiben (deskriptive Untersuchung) oder sie zu erforschen (explorative Untersuchung). Für die Durchführung einer Untersuchung ist die Wahl der anzuwendenden Forschungsmethode unerlässlich. Je nach den Merkmalen der Forschung können verschiedene Arten der Forschung gewählt werden, und es ist möglich, die qualitative mit der quantitativen Forschung zu kombinieren.

Die Studie wird einen qualitativen und einen quantitativen Ansatz mit einer deskriptiven Studie umfassen. Der qualitative Ansatz ist der geeignetste Weg, um Antworten auf die Fragen zu finden, und es handelt sich um eine Fallstudie. Nach Teixeira (2003, S.127) sind die Merkmale der qualitativen Forschung folgende:

"Der Forscher beobachtet die Fakten aus der Perspektive einer Person innerhalb der Organisation; die Forschung versucht, ein tiefes Verständnis des Kontextes der Situation zu erlangen; die Forschung betont den Prozess der Ereignisse, d.h. die Abfolge der Fakten im Laufe der Zeit; der Forschungsansatz ist unstrukturierter, wenn es zu Beginn der Forschung keine Hypothesen gibt.

Dies gibt der Studie eine große Flexibilität, und die Forschung verwendet normalerweise mehr als eine Datenquelle.

Nach Deslandes (1997) befasst sich die qualitative Evaluierung mit den beteiligten sozialen Akteuren sowie ihren Werten und Überzeugungen, wenn sie sich auf Bildungsmaßnahmen für eine bestimmte Gruppe konzentriert und dabei die Einbeziehung aller in den Prozess berücksichtigt und sie nicht ausschließt.

Cordoni Junior (2005) stellt die Fallstudie als eine qualitative Methode vor, die die eingehende Untersuchung einer bestimmten Einheit oder eines Falles ermöglicht, der als System charakterisiert wird und von einer Person, einer Institution, einer Dienstleistung, einer Bevölkerungsgruppe bis hin zu einer Aktivität eines bestimmten Programms reichen kann. Zur Entwicklung der Methode werden verschiedene Techniken wie Beobachtung, Interviews und Dokumentenanalyse eingesetzt, und diese Instrumente werden auch bei anderen qualitativen Methoden verwendet.

In dieser Studie werden halbstrukturierte Interviews verwendet, die nach Richardson (1999) anhand präziser, vorformulierter Fragen entwickelt werden. Der gesamte Prozess wird vom Interviewer geleitet. Diese Technik lässt dem Interviewer mehr Freiheit als ein Fragebogen.

Die Inhaltsanalyse besteht aus drei Phasen, die nach Minayo (2000, S. 209) wie folgt aussehen: Voranalyse, Erschließung des Materials, Verarbeitung der gewonnenen Ergebnisse und Interpretation.

Die allgemeine Lektüre dieser Dokumente muss gründlich sein, damit der Forscher sich in ihren Inhalt vertiefen kann. Diese Aufgabe wird als "schwebende Lektüre" bezeichnet, die es dem Forscher nach Trivinos (2000) ermöglicht, zwei grundlegende Dinge zu erreichen: den Korpus der Untersuchung und die allgemeinen Hypothesen der Untersuchung zu bestimmen.

Analysieren heißt also, ein Ganzes in seine Teile zu zerlegen, um eine vollständigere Untersuchung durchzuführen. Es geht jedoch nicht darum, die Struktur des Plans zu reproduzieren, sondern die Art der Beziehungen zwischen den vorgestellten Ideen aufzuzeigen (Marconi & Lakatos, 2001).

Die qualitative Methodik ist daher für die Bewertung von Programmen zur schulischen Eingliederung, einschließlich der Zugänglichkeit, geeignet, da sie die Analyse von Bedeutungen und Werten umfasst, die auf sozialen Beziehungen beruhen. Sie ermöglicht es, die Bilder aufzudecken, die diesen Praktiken und Verhaltensweisen im Zusammenhang mit dem Problem der Zugänglichkeit zugrunde liegen, und ermöglicht die Entwicklung von Strategien und die Umsetzung von Maßnahmen, die diesen Erwartungen (der Nutzer) besser gerecht werden.

In Zusammenarbeit mit dem quantitativen Ansatz von Dalfovo, Lana und Silveira (2008) zeichnet sich diese Methode durch den Einsatz von Quantifizierung aus, sowohl bei der Erfassung der

Informationen als auch bei ihrer Verarbeitung mit Hilfe statistischer Techniken, von den einfachsten bis zu den komplexesten. Wie bereits erwähnt, zeichnet sich diese Methode dadurch aus, dass sie die Genauigkeit der durchgeführten Arbeiten gewährleisten und zu einem Ergebnis führen soll, das kaum verfälscht werden kann. Im Allgemeinen orientieren sich quantitative Feldstudien wie die experimentelle Forschung an einem Forschungsmodell, bei dem der Forscher von einem möglichst gut strukturierten konzeptionellen Bezugsrahmen ausgeht, aus dem er Hypothesen über die zu untersuchenden Phänomene und Situationen formuliert. Aus den Hypothesen wird dann eine Liste von Konsequenzen abgeleitet. Bei der Datenerhebung wird der Schwerpunkt auf Zahlen (oder in Zahlen umwandelbare Informationen) gelegt, die es ermöglichen, das Auftreten oder Nichtauftreten der Folgen zu überprüfen und dann die Hypothesen (wenn auch nur vorläufig) zu akzeptieren oder nicht. Die Daten werden mit Hilfe von Statistiken durch quantitative Erhebungen im Rahmen von Feldstudien analysiert.

3.1.3 - Forschungsthemen

Bei den Probanden der Studie handelt es sich um Leiter von Bildungseinrichtungen des privaten Sektors, genauer gesagt von privaten Hochschulen in der südöstlichen Mesoregion Parà, die sich spontan bereit erklären, an der Untersuchung teilzunehmen.

Die Stichprobe wird nach dem Zufallsprinzip ausgewählt, wobei zunächst eine qualitative Mindeststichprobe von 20 Personen festgelegt wurde, so dass die Wahl der Stichprobe flexibel ist. Da die Studie sowohl qualitativ als auch quantitativ angelegt ist, wird die Datenerhebung abgeschlossen, sobald die Anliegen des Forschers erfüllt und die Ziele erreicht sind.

Die Probanden werden über die Ziele der Studie, den Verwendungszweck der Ergebnisse, die Gewährleistung der Vertraulichkeit der Informationen und ihre Identität informiert.

Die Informanten erhalten keinen Anreiz, an der Untersuchung teilzunehmen, und ihre Autonomie bleibt gewahrt; sie können die Untersuchung jederzeit verlassen, ohne dass ihnen dadurch ein Schaden entsteht.

3.2 DEN WEG AUF DER SUCHE NACH UNSEREN DATEN

3.2.1 Techniken und Instrumente der Datenerhebung

Die Daten werden durch Interviews mit den Bildungsmanagern gemäß dem Skript (Anhang A) erhoben, wobei aufgezeichnete Aussagen zur Ergänzung der Daten verwendet werden. Den Bildungsmanagern wird die Notwendigkeit der Aufzeichnung ihrer Aussagen erklärt und sie werden gebeten, dieses Verfahren zu genehmigen. Zur Identifizierung der Schulleiter wird das portugiesische Alphabet in Großbuchstaben verwendet, gefolgt von Kardinalzahlen (z. B. G1, G2, G3...), wodurch die Vertraulichkeit der Identität der Informanten gewährleistet wird.

Die Vorstellungsgespräche werden nach vorheriger telefonischer Kontaktaufnahme mit den Ansprechpartnern des städtischen Schulamtes vereinbart.

Die Interviews werden aus strukturierten Fragen bestehen, die an die Bildungsmanager gerichtet werden, ohne dass der Forscher Fragen stellt. Es ist auch zu beachten, dass Dritte während des Interviews nicht anwesend sein dürfen.

Am Ende aller Interviews, wenn die Daten gesättigt sind, werden individuelle, ebenfalls gekennzeichnete Bögen erstellt, um die Informationen zu entschlüsseln und in einen Computer zu übertragen, der bei der Interpretation der Daten und der Erstellung der Ergebnisse helfen wird.

3.2.2 - Einschlusskriterien

In die Studie werden alle Bildungsmanager über 18 Jahre und mit mindestens einem Hochschulabschluss beiderlei Geschlechts aufgenommen, die seit mindestens einem Jahr im Amt sind. Alle Personen, die sich mit der Teilnahme an der Studie einverstanden erklären, unterzeichnen das Formular "Free and Informed Consent Form" (FICF). Es sollte auch betont werden, dass das ICF in zwei Exemplaren unterzeichnet wird, eines mit dem Informanten und das andere mit dem verantwortlichen Forscher.

3.2.3 - Ausschlusskriterien

Manager unter 18 und über 60 Jahren, Nicht-Absolventen und solche, die nicht voll in den Hochschuleinrichtungen des Netzes tätig sind, werden von der Studie ausgeschlossen.

3.2.4 - Ethische Behandlung der Forschung

Das Projekt wird der Forschungsethikkommission des ICS der UFPA vorgelegt und folgt den Richtlinien der Resolution 466/12 des Nationalen Gesundheitsrates:

Die ethischen Aspekte der Forschung am Menschen; b) das Erfordernis der freien und informierten Zustimmung der Forschungsteilnehmer; c) die Regeln für Forschungsprotokolle, die Informationen über die Forschung (Forschungsprojekt über die Versuchspersonen) erfordern. (Brasilien, 2012)

Das Formular "Free and Informed Consent Form - FICF" (Anhang B) wird zur semantischen Analyse vorgelegt.

3.3 UNSERE ERGEBNISSE IM ZUSAMMENHANG MIT DEM ANGEWANDTEN VERHALTEN ZU ZEIGEN

3.3.1 Bewertung von Risiken und Nutzen der Forschung

Die Studie birgt Risiken für die Versuchspersonen, da die Betroffenen befragt werden, aber der Forscher wird sich jederzeit an die ethischen Grundsätze halten, um die Identität der Betroffenen und ihre Privatsphäre zu wahren.

Der Nutzen der Forschung für die Verantwortlichen im Bildungswesen besteht darin, dass die Ergebnisse als Entscheidungshilfe für Eingliederungsmaßnahmen im Bildungswesen genutzt werden und die Zugänglichkeit von Studierenden mit eingeschränkter Mobilität an privaten Hochschuleinrichtungen in der Mesoregion Parà verbessert wird, indem Verbesserungen des Angebots subventioniert werden, die zunehmend die Vollständigkeit und Universalität garantieren.

3.3.2 Auf der Suche nach Antworten

Die Daten werden mit Verfahren analysiert, die die Aussagen der Forschungsteilnehmer und die Entschlüsselung der einzelnen Formulare berücksichtigen. Es wird die vereinfachte Technik der Inhaltsanalyse verwendet.

Bei der Erstellung des Korpus wird das Material nach folgenden Gültigkeitsstandards geordnet: Vollständigkeit - nach diesem Standard deckt das Material alle im Skript angesprochenen Aspekte ab; Repräsentativität - das Material war in der Lage, die von der Forschung beabsichtigte Grundgesamtheit zu repräsentieren; Homogenität - das Material entsprach den wertvollen Auswahlkriterien in Bezug auf Techniken und Gesprächspartner und Relevanz - das Material entsprach den Zielen.

Bei der Formulierung der Leit- und Zielfragen werden erste Hypothesen aufgestellt, da die Realität nicht auf die gestellten theoretischen Fragen geantwortet hat. Zu diesem Zweck werden flexible Fragen formuliert, die es ermöglichen, neue Fragen aus den Sondierungsverfahren abzuleiten.

Nach der Erkundung des Materials wird es in folgenden Schritten kodiert: a) die Texte werden in Aufnahmeeinheiten (Wörter, Sätze, Themen, Figuren) zerlegt und b) die Daten werden aggregiert und dann in theoretische oder empirische Kategorien eingeteilt, um die Themen zu spezifizieren.

Mit dem quantitativen Ansatz wird die Häufigkeit der untersuchten Phänomene überprüft, und der qualitative Ansatz analysiert und interpretiert die erhaltenen Ergebnisse (Cozby, 2003).

Am Ende der Datenerhebung werden die Ergebnisse in Microsoft Office für Excel 2007 tabellarisch dargestellt und eine deskriptive Analyse der Daten vorgenommen, bei der die Häufigkeit und der Prozentsatz der Variablen beobachtet werden. Zur Analyse der Korrelation zwischen den Instrumenten wurde der *r-Korrelationstest* von Pearson verwendet, wobei ein Konfidenzintervall von 95 % für die Signifikanz der Ergebnisse berücksichtigt wurde. Zur Darstellung der Ergebnisse wurden Diagramme und illustrative Tabellen wie folgt erstellt

Die Likert-Skala ist eine Art psychometrischer Antwortskala, die häufig in Fragebögen verwendet wird und die am häufigsten in Meinungsumfragen eingesetzt wird. Bei der Beantwortung eines

Fragebogens, der auf dieser Skala basiert, geben die Befragten an, inwieweit sie einer Aussage zustimmen. Der Name dieser Skala geht auf die Veröffentlichung eines Berichts von RensisLikert zurück, in dem ihre Verwendung erläutert wird.

Es muss zwischen einer Likert-Skala und einem Likert-Item unterschieden werden. Die Likert-Skala ist die Summe der Antworten, die auf jedes Likert-Item gegeben werden. Da die Items in der Regel von einer visuellen Analogskala begleitet werden (z. B. einer horizontalen Linie, auf der der Befragte seine Antwort ankreuzt), werden sie manchmal auch als Skalen bezeichnet. Dies führt zu einer Menge Verwirrung. Es ist besser, "Likert-Skala" für die Gesamtskala und "itemLikert" für jedes einzelne Item zu verwenden.

Ein Likert-Item ist einfach eine Aussage, auf die der Befragte anhand eines Kriteriums antwortet, das objektiv oder subjektiv sein kann. Normalerweise möchte man den Grad der Zustimmung oder Ablehnung zu der Aussage messen. In der Regel werden fünf Antwortstufen verwendet, obwohl einige Forscher sieben oder sogar neun Stufen bevorzugen. Das typische Format eines Likert-Items ist also:

(1)   Ich stimme nicht ganz zu

(2)   Teilweise nicht zustimmen

(3)   Gleichgültig

(4)   Teilweise zustimmen

(5)   Ich stimme völlig zu

Die Likert-Skala ist bipolar, d. h. sie misst entweder eine positive oder eine negative Reaktion auf eine Aussage. Manchmal werden vier Items verwendet, was den Befragten zwingt, eine positive oder negative Entscheidung zu treffen, da die zentrale Option "Gleichgültig" nicht existiert.

Likert-Skalen können aus verschiedenen Gründen verzerrt werden, z. B. vermeiden die Befragten extreme Antworten, stimmen den Aussagen zu oder versuchen, sich selbst oder ihr Unternehmen/ihre Organisation in einem günstigeren Licht darzustellen. Die Gestaltung der Skala mit ausgewogeneren Antworten kann jedoch das Problem der Abweichungen aufgrund der Zustimmung zu den Aussagen lösen, aber die beiden anderen Punkte sind problematischer.

Nach der vollständigen Beantwortung des Fragebogens kann jedes Element separat analysiert werden, oder in einigen Fällen können die gegebenen Antworten addiert werden, um ein Ergebnis pro Gruppe von Elementen zu erhalten.

Ein weiterer Streitpunkt ist die Frage, ob Likert-Items als Intervalldaten oder nur als geordnete Kategoriedaten betrachtet werden können. Viele betrachten die Items nur als geordnete Daten, da bei nur fünf Stufen eine befragte Person die gepaarten Stufen möglicherweise nicht als äquidistant versteht. Andererseits implizieren die Antworten, wie im obigen Beispiel, eindeutig eine Symmetrie der Ebenen um die zentrale Kategorie. Wenn das Item außerdem von einer visuellen Analogskala begleitet wird, auf der gleiche Abstände zwischen den Stufen deutlich angegeben sind, ist das Argument, sie als Intervallstufen zu behandeln, noch stärker.

3.4 ANGEWANDTE METHODEN

3.4.1 - Student's *t-test*

Die *t-Statistik* wurde 1908 von William Sealy Gosset eingeführt, einem Chemiker bei der Guinness-Brauerei in Dublin, Irland (sein Pseudonym war "Student"). Gosset war aufgrund der innovativen Politik von Claude Guinness eingestellt worden, der die besten Absolventen von Oxford und Cambridge für die Positionen des Biochemikers und Statistikers in der Guinness-Industrie rekrutierte. Gosset entwickelte den *t-Test* als kostengünstige Methode zur Überwachung der Qualität von Stouts. Er veröffentlichte den *t-Test* 1908 in der akademischen Zeitschrift Biometrika, wurde aber von seinem Arbeitgeber gezwungen, sein Pseudonym zu verwenden, da dieser glaubte, dass seine Anwendung der Statistik ein Betriebsgeheimnis sei. In der Tat wurde Gossets Identität von seinen Statistikerkollegen nicht erkannt (Milone, 2004).

Nach Oliveira (2010) ist der Hypothesentest oder *t-Test* der zweite Aspekt der statistischen Inferenz. Sein Ziel ist es, anhand von Stichprobendaten die Gültigkeit bestimmter Hypothesen in Bezug auf eine oder mehrere Populationen zu überprüfen. Es ist klar, dass die Formulierung von Populationshypothesen nicht verlässlich ist, aber sie ist mit den Stichprobenwerten verknüpft, wobei betont wird, ob die Aussagen vernünftig sind oder nicht.

Der Student's *t-Test* für zwei Stichproben ist ein parametrischer Test, der häufig zum Vergleich zweier Variablen verwendet wird. Der Test wurde auf die Variablen Zugänglichkeit, Einbeziehung und Standard angewendet. Die Tests wurden auch für die folgenden Variablen durchgeführt: Zugänglichkeit x Einbeziehung; Zugänglichkeit x Standard und Einbeziehung und Standard.

Der Student's *t-Test* oder einfach t-Test ist ein Hypothesentest, der statistische Konzepte verwendet, um eine Nullhypothese zurückzuweisen oder abzulehnen, wenn die Teststatistik einer Student's *t-Verteilung* folgt.

Diese Annahme wird normalerweise verwendet, wenn die Teststatistik tatsächlich einer Normalverteilung folgt, die Varianz der Grundgesamtheit aber unbekannt ist, weshalb diese Methode in dieser Arbeit verwendet wurde. In diesem Fall wird die Stichprobenvarianz verwendet, und mit dieser Anpassung folgt die Teststatistik nun einer *t* -Student-Verteilung.

Die Hypothesenprüfung ist eine Form der statistischen Inferenz. Hypothesen sind Aussagen über

Populationsparameter und werden daraufhin geprüft, ob sie zutreffen oder nicht.

Der *t-Test* besteht also darin, eine Nullhypothese und folglich eine Alternativhypothese zu formulieren, den Wert von *t* gemäß der entsprechenden Formel zu berechnen und ihn auf die Wahrscheinlichkeitsdichtefunktion der Student'schen *t-Verteilung* anzuwenden und die Größe der Fläche unter dieser Funktion für Werte größer oder gleich *t zu* messen. Diese Fläche stellt die Wahrscheinlichkeit dar, dass der Mittelwert der betreffenden Stichprobe(n) den (die) beobachteten Wert(e) oder einen noch extremeren Wert aufweist (aufweisen). Wenn die Wahrscheinlichkeit, dass dieses Ergebnis eintritt, sehr gering ist, kann man daraus schließen, dass das beobachtete Ergebnis statistisch relevant ist. Diese Wahrscheinlichkeit wird auch als *p-Wert bezeichnet,* so dass das Konfidenzniveau vonalpha gleich 1 - *p-Wert* ist.

Normalerweise wird für den p-Wert oder das Konfidenzniveau ein "Cut-off-Point" verwendet, um festzulegen, ob die Nullhypothese abgelehnt werden sollte oder nicht. Ist der *p-Wert* niedriger als dieser "cut-off point", wird die Nullhypothese abgelehnt. Andernfalls wird die Nullhypothese nicht verworfen.

Daher ist es üblich, "Cut-off-Punkte" für p-Werte von 0,1 %, 0,5 %, 1 %, 2 % oder 5 % zu verwenden, wodurch die Konfidenzniveaus 99,9 %, 99,5 %, 99 %, 98 % bzw. 95 % betragen. Wenn der *p-Wert von* 5 % als "Cut-off-Punkt" verwendet wird und die Fläche unter der Wahrscheinlichkeitsdichtefunktion der *Student*'s *t-Verteilung* weniger als 5 % beträgt, kann man sagen, dass die Nullhypothese mit einem Konfidenzniveau von 95 % abgelehnt wird. Das wäre eine falsche Interpretation des Tests (Downing & Clark, 2006).

Bei der statistischen Hypothesenprüfung muss man immer genau wissen, was zu erwarten ist, wenn eine Hypothese wahr ist. Deshalb widerspricht die von uns formulierte Hypothese oft dem, was wir beweisen wollen, und wird als Ho bezeichnet. Der Ausdruck Nullhypothese wird also auf jede Hypothese angewandt, die eigens aufgestellt wurde, um zu sehen, ob sie abgelehnt werden kann, aber die Hypothese, die wir als Nullalternative annehmen, d. h. die Hypothese, die wir akzeptieren, wenn die Nullhypothese abgelehnt wird, wird als Alternativhypothese bezeichnet und mit H1 bezeichnet. Diese Hypothese muss immer zusammen mit der Nullhypothese formuliert werden, da wir sonst nicht wüssten, wann Ho zu verwerfen ist (Freund, 2000).

3.4.2 . - Analyse der Varianz (ANOVA)

Die Varianzanalyse (ANOVA) ist für den gleichzeitigen Vergleich von mehr als zwei Gruppen zuständig. Dieser Test ist zu Ehren von Fisher auch als *F-Test* bekannt und dient dem Vergleich von Unterschieden zwischen Mittelwerten durch Varianzen, deren Stichprobenwerte auf Intervall- oder Verhältnisniveau gemessen werden müssen.

Die Varianzanalyse ist ein Verfahren zum Vergleich von drei oder mehr Behandlungen. Aufgrund der verschiedenen Arten von Experimenten, die durchgeführt werden können, gibt es viele Varianten der ANOVA.

Die Grundlage der Varianzanalyse ist die Annahme, dass die Varianzen der Grundgesamtheit gleich sind. Diese Varianz wird durch die Varianz der Stichprobenmittelwerte und den Durchschnitt der Stichprobenvarianzen geschätzt. Die ANOVA basiert auf der Tatsache, dass die Gesamtvarianz der Stichprobendaten gleich der Summe der Varianz innerhalb und zwischen den Stichproben ist (Milone, 2004).

3.5   ANALYSE UND DISKUSSION DER DATEN AUS UNSERER STUDIE

Nachfolgend ist eine Gruppe dargestellt, die den *p-Wert* anzeigt. Es ist zu beachten, dass der *p-Wert* in allen Fällen *über dem* Signifikanzniveau von 1 % (0,01) liegt, d. h. die Ausgangshypothese Ho kann nicht abgelehnt werden. Nachfolgend sind die vorher aufgestellten Hypothesen aufgeführt.

Tabelle 1: P-Wert für die Gruppen Zugänglichkeit, Eingliederung und Standard

Gruppen	P-Wert	Fcalc	Tcalc
Zugänglichkeit/Eingliederung	0,2064	1,6522	1,2854
Zugänglichkeit / Standard	0,0977	2,8824	1,6977
Zugänglichkeit/Eingliederung	0,8240	0,5013	0,2239
Zugänglichkeit / Inklusion / Standard	0,2398	1,4641	

t1%;38 = 2,7116; Ergebnis des *p-Wertes*, des Fischer-Tests und des Student's *t-Tests* für die Variablen: Zugänglichkeit, Eingliederung und Standard;

Tabelle 2 zeigt die Varianzanalyse für Zugänglichkeit und Eingliederung, in der die folgenden Hypothesen aufgestellt wurden:

Ho: Die Ergebnisse für Zugänglichkeit und Eingliederung waren gleich;

H1: Die Ergebnisse der Zugänglichkeit und der Eingliederung waren unterschiedlich.

Tabelle 2: Varianzanalyse für Zugänglichkeit und Eingliederung

Quelle der Abweichung	SQ	gl	MQ	F	P-Wert	Kritisch F
Zwischen Gruppen	0,9	1	0,9000	1,6522	0,2064	7,3525
Innerhalb der Gruppen	20,7	38	0,5447			
Insgesamt	21,6	39				

Der *p-Wert* von 0,2064 für die Variablen "Zugänglichkeit" und "Eingliederung" lässt den Schluss zu, dass die Ausgangshypothese nicht verworfen werden kann, so dass die Ergebnisse für

"Zugänglichkeit" und "Eingliederung" gleich sind.

Tabelle 3 zeigt die Varianzanalyse für Erreichbarkeit und Standard, in der die folgenden Hypothesen aufgestellt wurden:

Ho: Die Ergebnisse für Erschwinglichkeit und Verzug waren die gleichen;

H1: Die Ergebnisse für Erschwinglichkeit und Zahlungsausfall waren unterschiedlich.

Tabelle 3: Varianzanalyse für Erreichbarkeit und Standard

Quelle der Abweichung	SQ	gl	MQ	F	P-Wert	Kritisch F
Zwischen Gruppen	1,22	1	1,2250	2,8824	0,0977	7,3525
Innerhalb der Gruppen	16,2	38	0,4250			
Insgesamt	17,4	39				

Der *p-Wert* von 0,0977 für die Variablen Erschwinglichkeit und Verzug lässt den Schluss zu, dass die Ausgangshypothese nicht verworfen werden kann, so dass die Ergebnisse für Erschwinglichkeit und Verzug gleich sind.

Tabelle 4 zeigt die Varianzanalyse für Erreichbarkeit und Standard, in der die folgenden Hypothesen aufgestellt wurden:

Ho: Die Einschluss- und Ausfallergebnisse waren gleich

H1: Die Ergebnisse von Inclusion und Default waren unterschiedlich.

Tabelle 4: Varianzanalyse für Einschluss und Ausfall

Quelle der Abweichung	SQ	gl	MQ	F	P-Wert	Kritisch F
Zwischen Gruppen	0,03	1	0,0250	0,0501	0,8240	7,3525
Innerhalb der Gruppen	19	38	0,4987			
Insgesamt	19	39				

Der *p-Wert* von 0,8240 für die Variablen Einbeziehung und Ausfall lässt den Schluss zu, dass die Ausgangshypothese nicht verworfen werden kann, so dass die Ergebnisse für Einbeziehung und Ausfall gleich sind.

Tabelle 5 zeigt die Varianzanalyse für Zugänglichkeit und Standard, in der die folgenden Hypothesen aufgestellt wurden:

Ho: Die Ergebnisse für Zugänglichkeit, Eingliederung und Standard sind die gleichen;

H1: Die Ergebnisse für Zugänglichkeit, Eingliederung und Standard sind unterschiedlich.

Tabelle 5: Varianzanalyse für Zugänglichkeit, Eingliederung und Ausfall

Quelle der Abweichung	SQ	gl	MQ	F	P-Wert	Kritisch F
Zwischen Gruppen	1,43	2	0,7167	1,4642	0,2398	4,9981
Innerhalb der Gruppen	27,9	57	0,4895			
Insgesamt	29,3	59				

Nach den Ergebnissen der statistischen Methoden lässt die Hypothese auf eine starke Beziehung zwischen den untersuchten Punkten schließen: Zugänglichkeit, Eingliederung und Ausfall, was mit dem übereinstimmt, was in den Interviews mit den Leitern der privaten Hochschuleinrichtungen wahrgenommen wurde.

In diesem Zusammenhang stellen wir fest, dass je höher die Ausfallquote ist, desto weniger kann die Einrichtung in die Zugänglichkeit investieren. Vielleicht liegt das daran, dass die Zahl der Menschen mit Behinderungen im Vergleich zu "normalen" Menschen so gering ist? Oder könnte es sein, dass sich die Einrichtungen nicht die Mühe machen, auf diese Merkmale einzugehen, weil sie es nicht als Investition betrachten?

Die Ergebnisse zeigen auch, dass die Eingliederung umso geringer ist, je niedriger die Zugänglichkeit ist. Aber wie können wir garantieren, dass mehr Barrierefreiheit zu mehr Inklusion führt? Eine wirksame Inklusion hängt von einem demokratischen und effektiven Prozess mit Partnerschaften mit Organisationen ab, die die Zugänglichkeit für Schüler mit sonderpädagogischem Förderbedarf unterstützen, da die Hochschulen allein den Bedarf an MEC-Anpassungen nicht decken können.

Bei der Politik der Inklusion von Schülern mit sonderpädagogischem Förderbedarf geht es nicht nur um kleine Anpassungen wie eine Rampe oder eine Treppe im Rahmen der Zugänglichkeit, wie sie von den Verantwortlichen angeführt wurden, um die Auflösung des inklusiven Prozesses zu definieren. Es ist jedoch klar, dass die Inklusion mit der Zugänglichkeit beginnt, die nicht weniger wichtig ist.

Gegenwärtig sind die Themen Inklusion und Zugänglichkeit untrennbar miteinander verbunden, auch wenn die Gesetzgebung angesichts der finanziellen Schwierigkeiten aufgrund der Zahlungsausfälle in der aktuellen brasilianischen Situation Auswirkungen der segregativen Praktiken zeigt und den Prozess der Inklusion durch Zugänglichkeit begünstigt (Sitientibus, 2011).

Was die Zugänglichkeit anbelangt, so gibt es seltsamerweise immer noch keine derartigen Verfahren, da der Verwalter laut Gesetz Nr. 10.098/2000 verpflichtet ist, die strukturellen Bedingungen zu gewährleisten:

"Art. 13: Gebäude für den privaten Gebrauch, in denen der Einbau von Aufzügen vorgeschrieben ist, müssen unter Einhaltung der folgenden Mindestanforderungen an die Zugänglichkeit gebaut werden:

I - ein zugänglicher Weg, der die Wohneinheiten mit dem Außenbereich und den gemeinsam genutzten Einrichtungen verbindet;

II - ein zugänglicher Weg, der das Gebäude mit der öffentlichen Straße, mit Nebengebäuden und gemeinsam genutzten Einrichtungen sowie mit benachbarten Gebäuden verbindet;

III - Aufzugskabine und Eingangstür sind für Menschen mit Behinderungen oder eingeschränkter Mobilität zugänglich.

Art. 14: Gebäude mit mehr als einem Stockwerk außer dem Zugangsstockwerk, mit Ausnahme von Einfamilienhäusern, die nicht zum Einbau eines Aufzugs verpflichtet sind, müssen über technische und gestalterische Spezifikationen verfügen, die den Einbau eines angepassten Aufzugs erleichtern, und die anderen gemeinschaftlich genutzten Elemente in diesen Gebäuden müssen die Anforderungen an die Zugänglichkeit erfüllen.

Art. 15: Es obliegt dem für die Koordinierung der Wohnungspolitik zuständigen föderalen Organ, die Reservierung eines Mindestanteils an der Gesamtzahl der Wohnungen entsprechend den Merkmalen der lokalen Bevölkerung zu regeln, um die Nachfrage von Menschen mit Behinderungen oder eingeschränkter Mobilität zu decken".

Um dieses Problem zu lösen, *gibt es* einen Rechtsbehelf, denn wenn festgestellt wird, dass die Rechtsvorschriften nicht eingehalten wurden, d.h. dass die Rechte von Menschen mit sonderpädagogischem Förderbedarf nicht respektiert oder verletzt wurden, muss unverzüglich die Staatsanwaltschaft eingeschaltet werden, die im Rahmen ihrer Befugnisse rechtliche Schritte einleitet, wie im Gesetz 13.146/2015 vorgesehen:

"Art. 7 Jeder ist verpflichtet, der zuständigen Behörde jede Form der Bedrohung oder Verletzung der Rechte des Behinderten zu melden. Wenn Richter und Gerichte in Ausübung ihres Amtes von Tatsachen Kenntnis erlangen, die die in diesem Gesetz vorgesehenen Verstöße kennzeichnen, müssen sie die Staatsanwaltschaft mit der Angelegenheit befassen, damit diese die geeigneten Maßnahmen ergreift."

Es sollte auch darauf hingewiesen werden, dass das Projekt für die Zugänglichkeit zunächst durch den partizipativen Masterplan der Gemeinde hätte genehmigt werden müssen, bei dem der Verwalter verpflichtet wäre, seine demokratischen Pflichten in der Gemeinde zu erfüllen und die Eingliederung und Zugänglichkeit zu gewährleisten, wie vom Masterplan-Rat selbst vorgeschrieben. Daher können wir den Fehler bereits bei der Genehmigung des Masterplans sehen, denn der Rat selbst hätte auf die Mängel der Entwicklung hinweisen müssen.

Bei all den Missgeschicken ist es wichtig zu betonen, dass es für Fortschritte bei der Verbesserung des Unterrichts notwendig ist, dass sich die Verantwortlichen der tatsächlichen Nachfrage von Schülern mit besonderen Bedürfnissen bewusst sind und Mittel und Wege finden, um einen allmählichen Prozess der Anpassung an die neue Bildungsrealität aufzubauen, indem sie institutionelle und pädagogische Praktiken entwickeln, die die Qualität des Unterrichts für alle Schüler gewährleisten.

Aprile und Barone (2008) betonen, dass die Lösung für das Problem der Zahlungsunfähigkeit privater Hochschuleinrichtungen in der von der brasilianischen Bundesregierung vorgeschlagenen Finanzierung besteht, die öffentliche Mittel an private Bildungseinrichtungen weiterleitet, indem sie diese von den Steuern auf die Einnahmen aus ihren Tätigkeiten befreit.

Marques (2006) zufolge "sind jedoch zwei Faktoren die Hauptschuldigen in diesem Sektor, wenn es um Zahlungsausfälle geht: die Gesetzgebung, die den Studenten schützt, und die mangelnde Anpassung der Einrichtungen an die neue Marktrealität". In den meisten Fällen verwenden die Hochschuleinrichtungen keine Kriterien, um zu prüfen, ob die Studierenden über die finanziellen Mittel verfügen, um ihre Studiengebühren zu zahlen, was zu einem Anstieg der Zahlungsausfälle und sogar der Studienabbrüche beiträgt.

Für die Verwalter sind die Finanzierungsprogramme zu einer praktikableren finanziellen Sanierungsmaßnahme geworden, und zwar sowohl wegen des Überangebots an freien Stellen als auch wegen des Rückgangs der Realeinkommen und der hohen Arbeitslosigkeit, die für Zahlungsausfälle und Studienabbrüche verantwortlich sind, wobei sie die Margen der Zahlungsausfälle vorhersehen, die sie aufgrund der Umstände der Wirtschaftskrise, mit denen die Studenten im privaten Netz konfrontiert sind, erleiden können.

Die Zahl der Zahlungsausfälle im Bildungsbereich könnte wesentlich geringer sein, wenn die Hochschuleinrichtungen energischer gegen säumige Zahler vorgehen würden oder wenn sie eine transparente Inkassopolitik mit differenzierten Dienstleistungen und klar definierten Strafen verfolgen würden, wobei sie gleichzeitig energisch gegen aktive Schulden vorgehen würden.

Es gibt mehrere Gründe, warum die Zahl der Ausfälle in der Ausbildung so hoch ist, unter anderem die aktuelle Gesetzgebung, das Gesetz Nr. 9.870/99, das wichtige Details zwischen Auftragnehmer und Vertragspartner festlegt:

> Art. 5. Bereits eingeschriebene Schüler haben, sofern sie nicht säumig sind, das Recht, ihre Einschreibung zu verlängern, vorbehaltlich des Schulkalenders der Einrichtung, der Schulordnung oder der Vertragsklauseln.
>
> Art. 6 Die Aussetzung von Schulprüfungen, die Einbehaltung von Schulzeugnissen oder die Anwendung anderer erzieherischer Sanktionen aufgrund von Versäumnissen sind verboten, und der Vertragspartner unterliegt gegebenenfalls rechtlichen und

administrativen Sanktionen gemäß dem Verbraucherschutzgesetz und den Artikeln 177 und 1.092 des brasilianischen Bürgerlichen Gesetzbuchs, wenn das Versäumnis länger als 90 Tage andauert.

Artikel 5 regelt das Recht der Studenten, ihre Einschreibung am Ende des Schuljahres oder Semesters zu erneuern. Säumige Studenten sind die Ausnahme. Das Gesetz weist jedoch eine Lücke auf, da es nicht ganz klarstellt, dass säumigen Studenten die Einschreibung verweigert werden kann. Als kleine Ermutigung für die Bildungseinrichtungen gibt es die vorläufige Maßnahme (MP) Nr. 2.091-16, in der es heißt: "§1° Die Entlassung eines Studenten wegen Säumigkeit kann nur am Ende des akademischen Jahres erfolgen, oder, im Hochschulbereich, am Ende des akademischen Semesters, wenn die Einrichtung das Semesterlehrsystem einführt". Diese vorläufige Maßnahme ergänzt somit das Gesetz 9.870/99, das die Entlassung von Studenten während des akademischen Jahres oder Semesters verbietet. Sie bietet die Möglichkeit, die Immatrikulation eines Studenten zu verweigern, der noch ausstehende Ratenzahlungen zu leisten hat; diese Verweigerung kann jedoch nur bei der Erneuerung der Immatrikulation erfolgen, d.h. am Ende des Semesters oder des akademischen Jahres. Bis dahin haben sie das Recht, unabhängig von der Höhe ihrer Schulden uneingeschränkt an allen Bildungsaktivitäten teilzunehmen.

In Artikel 6 wurde das Gesetz 9.870/99, das für die Bildungseinrichtungen zuständig ist, als "Säumnisgesetz" definiert. Es legt fest, dass gegen säumige Schüler keine pädagogischen Sanktionen verhängt werden dürfen.

Eine der Strategien zur Verringerung der Zahlungsausfälle, die für den Verwalter immer ärgerlicher wird, sind Strategien wie monatliche Preise und jährliche Punktepläne, die die Studenten dazu bringen sollen, ihre Studiengebühren pünktlich zu zahlen. Die Teilnahme an den monatlichen Prämien ermöglicht es den Studierenden, ihre Studiengebühren pünktlich zu zahlen und an den monatlichen Verlosungen teilzunehmen. Sie können einen oder mehrere Gutscheine erhalten, mit denen sie um eine Reihe von Preisen konkurrieren können, darunter Rabatte auf die Einschreibegebühren oder sogar auf einige Monatsgebühren. Beim jährlichen Punkteplan gewinnen Kunden, die jeden Monat pünktlich zahlen, am Ende des Jahres einen bestimmten Preis.

Eine weitere wertvolle Strategie zur Verringerung von Forderungsausfällen ist der Einsatz von Bankeinzugssystemen. Dies gilt insbesondere für Bankbelege und elektronische Zahlungen. Die Verwendung von Debit- und Kreditkarten erleichtert es den Kunden, regelmäßig zu zahlen, trägt dazu bei, die Zahl der Schuldner zu verringern und Verluste zu vermeiden.

Außerdem sollte das Inkasso von Rückständen an spezialisierte Unternehmen ausgelagert werden. In dem vom Kunden unterzeichneten Dienstleistungsvertrag sollte festgehalten werden, dass diese Form des Inkassos im Falle von Zahlungsrückständen angewandt wird und dass die Kosten für diesen Inkassodienst vom Schuldner getragen werden.

Strategien wie ein jährlicher Punkteplan, bei dem der Schüler am Ende des Jahres einen bestimmten Preis gewinnt, wenn er bestimmte Punkte erreicht, weil er den Unterricht nicht versäumt und seine Studiengebühren pünktlich bezahlt hat. Der Student, der die letzte Rate bezahlt, erhält entweder eine kostenlose monatliche Gebühr für den nächsten Kurs. Auf diese Weise unterstreichen die Studentenpreise die Wertschätzung der Studenten, um andere zu ermutigen, bessere Vorbilder zu werden. Auch die Lehrkräfte spielen bei dieser Überwachung eine wichtige Rolle, da sie das Verhalten der Studierenden und ihre Leistungen in den Kursen innerhalb der Einrichtungen stets im Auge behalten.

Auf der Grundlage der Forschungsergebnisse können wir die Hypothese bekräftigen, dass die Manager zusätzlich zu ihrer wichtigen Rolle bei der Förderung einer qualitativ hochwertigen Bildung die Herausforderung haben, zugängliche und integrative Einrichtungen anzubieten, selbst angesichts eines Mangels an Planung und föderalen finanziellen Ressourcen.

ABSCHLIESSENDE ÜBERLEGUNGEN

Zusammenfassend lässt sich sagen, dass die Werte einer qualitativ hochwertigen Bildung angesichts dieses Eingliederungsprozesses zahlreiche Schwierigkeiten mit sich bringen, und zwar nicht nur politischer und pädagogischer Art, sondern auch finanzieller Art. Die Qualität der Bildung bleibt hinter dem zurück, was in dem Projekt steht, und es sind sehr hohe Hürden und Anforderungen zu überwinden.

Gegenwärtig weisen die befragten Verantwortlichen in diesen Städten ähnliche Merkmale auf: die Suche nach einem Gleichgewichtspunkt, um die finanziellen Schwierigkeiten zu überstehen, wie z.B. die Zahlungsausfälle und die fehlenden Transferleistungen des Bundes durch die oben erwähnten Studienprogramme wie FIES und PROUNI, und andererseits die Suche nach Wegen, um den Druck der Steuerbehörden, wie z.B. des MEC und der Staatsanwaltschaft, durch die Gesellschaft zu lösen, die eine wirksame Anpassung bei der Zugänglichkeit und der schulischen Eingliederung fordert.

Dieser Prozess ist langwierig und ermüdend für die Manager, deren Ziel es ist, den Plan zur Eingliederung und Zugänglichkeit konkret umzusetzen. Angesichts der aktuellen finanziellen und politischen Krise in Brasilien.

Die Schlussfolgerung ist, dass es für die Verwalter schwierig ist, auf das Gesetz und die Anforderungen der Gesellschaft zu reagieren, die von den Verwaltern immer mehr Anpassungen verlangen, ohne dabei die finanziellen Probleme der Gesellschaft selbst zu vernachlässigen, die Teil der Studentenschaft ist, aus der die Einrichtungen bestehen. Ich möchte betonen, dass die Beschränkungen, mit denen die Verwalter konfrontiert sind, mit der Art und Weise zusammenhängen, wie die Studenten zur Kasse gebeten werden, wo das Gesetz sie im Falle einer Säumigkeit deckt und unterstützt, was es zu einem heiklen Weg macht, sie zur Kasse zu bitten, wo die Hochschule nicht in der Lage sein wird, die Studenten bloßzustellen und ihnen die Ausübung ihrer akademischen Aktivitäten zu verbieten.

Diese Arbeit war äußerst wichtig, um die Schwierigkeiten privater Hochschuleinrichtungen zu verdeutlichen, da es leider nicht allen von ihnen gelingt, eine qualitativ hochwertige Ausbildung anzubieten, die den hohen Anforderungen an die Führungskräfte gerecht wird, was auf die Unordnung in der öffentlichen Politik und das Versagen der Verwaltung bei der Planung und Ausführung zurückzuführen ist.

REFERENZEN

Almeida, M. S. (2016). Inklusive Schulbildung im 21. Jahrhundert: Können Kinder so lange warten? Verfügbar unter: Zugriff am: 14 Aug. 2016.

Alvarez, L. (2010). Regierung streicht Bürgschaftsanforderungen für FIES für Studenten mit geringem Einkommen. Verfügbar unter: Zugriff am: 18. Sep. 2016.

Amiralian, M. L. T. (1997). Die Blinden verstehen: eine psychoanalytische Betrachtung der Blindheit durch Zeichengeschichten. Sao Paulo: FAPESP/Casa do Psicòlogo.

Arroyo, M. G. (2008). Scheitern-Erfolg: Das Gewicht der Schulkultur und der Organisation der Grundbildung. Em aberto, v. 11, n. 53, 2008.

Brasilianischer Verband für technische Normen (2004). Norma Brasileira 9050:2004, Item Escolas, S.87. Verfügbar unter: www.mj.gov.br/sedh/ct/C0RDE/dpdh/corde/ABNT/NBR9050-31052004.pdf.

Associação do Deficiente Fisico Vale do Rio Pardo (2004). Handbuch für die soziale Eingliederung von Menschen mit Behinderungen: Eine Welt für alle. Vale do Rio Pardo: ADEFI.VRP,.

Aprile, M. R., & Barone, R. E. M. (2008). Öffentliche Maßnahmen für den Zugang zur Hochschulbildung und die Eingliederung in die Arbeitswelt - Das Programm "Universität für alle" (PROUNI) in Frage. In *Congresso Português de Sociologia* (Vol. 6).

Baptista, C. R.,Caiado, K. R. M.,Jesus, D. M. (2008). Sonderpädagogik: Dialog und Pluralität. Porto Alegre. Editora Mediaçao.

Baptista, C. R., Jesus,D. M. (2009). Fortschritte in der Inklusionspolitik: der Kontext der Sonderpädagogik in Brasilien und anderen Ländern. Porto Alegre: Mediaçao.

Baptista, C. R., Machado, A. M. (2006). Inklusion und Schulbildung: mehrere Perspektiven. Porto Alegre: Mediaçao.

Barcelos, A. M. F. (2012). Überzeugungen über das Sprachenlernen, angewandte Linguistik und Sprachunterricht. Revista Linguagem & Ensino, v. 7, n. 1, p. 123156.

Barros, A. J. S., & Lehfeld, N. A. S. (2007).Fundamentos de metodologia cientifica. Sao Paulo 2 ed.

Barros, M. W. O. (2014). FIES: eine öffentliche Politik für Zugang und Dauerhaftigkeit in der Hochschulbildung.

Barrozo, A. F. (2012). Zugänglichkeit zu Sport, Kultur und Freizeit für Menschen mit Behinderungen. Cadernos de pós-graduaçao em distûrbios do desenvolvimento, v. 12, n. 2, p. 16-

28.

Borges, A. M. R. (2011). Kurze Einführung in die internationalen Menschenrechtsnormen. Jus Navigandi. http://jus2. uol. com.br/doutrina/texto.asp,

Bortoli, I. A., &De Jesus, J. S. (2014). Ausfallmanagement in einer privaten Grundbildungseinrichtung. Negôciosemprojeçao, v. 5, n. 1.

Brasilien (1961). Gesetz über nationale Bildungsrichtlinien und -grundlagen. LDB 4.024, vom 20. Dezember 1961. Brasilia: MEC/SEE. Bücher und Gesetze, die im Abschnitt über die Kosten zitiert werden.

Brasilien (1996). GESETZ Nr. 9.394, vom 20. Dezember 1996. Brasilia: DF.

Brasilien. Ministerium für Bildung. Sekretariat für Sonderpädagogik (2003). Programm für integrative Bildung: das Recht auf Vielfalt. Verfügbar unter: http://portal.me.

Brasilien (2001). Statut des Kindes und des Jugendlichen: Gesetz Nr. 8.069, vom 13. Juli 1990, Gesetz Nr. 8.242, vom 12. Oktober 1991. 3. Auflage. Brasilia: Abgeordnetenkammer, Koordinierung der Veröffentlichungen.

Brasilien. Ministerium für Bildung. Sekretariat für Sonderpädagogik (2016). Die schulische Inklusion von Schülern mit sonderpädagogischem Förderbedarf - PHYSISCHE BEHINDERUNG. Brasilia - DF.

Brasilien (1988). Verfassung der Föderativen Republik Brasilien. Brasilia: DF. Abgerufen am: 08. August 2015.

Brasilien (2000). Gesetz 10.048/00. Unterstützung für Menschen mit Behinderungen durch öffentliche Verkehrsunternehmen und Konzessionäre des öffentlichen Verkehrs. Brasilia: DF.

Brasilien (1996). Gesetz 9.394/96: Gesetz Nr. 9.394 vom 20. Dezember 1996, das die Richtlinien und Grundlagen der nationalen Bildung festlegt. Aktualisiert am 8/6/2016. Auflage: 12[a]

Brasilien (2000). Ministerium für Bildung und Kultur. Gesetz Nr. 10.098, 19 DEZEMBER (zitiert in 06/2009). Verfügbar unter: www. portal.mec.gov.br/arquivos/pdf/lei10098.pdf.

Brasilien (2014). Ministerium für Bildung. Institut für Bildungsstudien und -forschung - Inep - Bildungszählung.

Bonfiglio, S. U., Beber, B., da Silva, E. (Mar.2014). Akademisches Management: eine Untersuchung mit Hochschuleinrichtungen im Itajai-Tal - Santa Catarina. Revista da UNIFEBE.

Bûrigo, C. C., Dutra, Espindola, C. M., Souza, S. C. (2013).University: social impact and the process of developing inclusive education.

62

Caldas, L. R.; Moreira, M. M.; Sposto, R. M. (2015). Zugänglichkeit für Menschen mit eingeschränkter Mobilität gemäß den Anforderungen des Leistungsstandards - eine Fallstudie für die Gemeinschaftsbereiche von Wohngebäuden in Brasilia - DfF (doi: 10.5216/reec. V10i2. 33083). REEC-Revista Eletrônica de Engenharia Civil, v. 10, n. 2,

Campos, R. S. (2012). Gehörlosigkeit: die sozio-pädagogischen Herausforderungen auf ihrem historischen Weg.

Chaves, C. L. J., Amaral, N. C. (2009). Hochschulbildung in Brasilien: die Herausforderungen der Expansion und Finanzierung und Vergleiche mit anderen Ländern. Revista Educaçao em Questao, v. 51, n. 37, S. 95-120, 2015.communication and signalling: physical disability. Brasilia: DF.

Cardoso, M. S. (2009). Historische Aspekte der Sonderpädagogik: von der Exklusion zur Inklusion - ein langer Weg. In: STOBÀUS, C. D., MOSQUERA, J. J. M. (Org.). Educaçao especial: em direção à educaçao inclusiva. Porto Alegre.

CordoniJr, L. (2005). Ausarbeitung und Bewertung von kollektiven Gesundheitsprojekten. Londrina: Eduel.

Costa, I. O. (2013). Pädagogische Intervention und Inklusion von Schülern mit besonderen Bedürfnissen im Sportunterricht.

Costa, P. M.,Marra, S. B. F.,Piau, E. T. (2009). Inklusive Bildung für Menschen mit sonderpädagogischem Förderbedarf in öffentlichen Schulen. In: Anais do Encontro de Pesquisa em Educaçao e Congresso Internacional de Trabalho Docente e Processos Educativos.

Da Silva, C. A.; Alves, J. B.; Bilessimo, S. M (2016).Entrepreneurship and education: A proposal for application in Basic Education. Seminar über Forschung, postgraduale Studien und Innovation.

Dalfovo, M. S.,Lana, R. A.; Silveira, A. Métodos quantitativos e qualitativos: um resgate teórico. RevistaInterdisciplinarCientificaAplicada, v. 2, n. 3, p. 1-13, 2008.

De Andrade, M. M., &Strauhs, F. R. (2006). Von Führungskräften privater Hochschuleinrichtungen geforderte Kompetenzen: eine Studie in Curitiba und der Metropolregion. Revista Gestao Industrial, 2(03), 87-102.

DeFrança, I. S. X.,Pagliuca, L. M. (2009). Soziale Eingliederung von Menschen mit Behinderungen: Errungenschaften, Herausforderungen und Auswirkungen auf die Pflege. Revista da Escola de Enfermagem da USP, v. 43, n. 1, p. 178-185,.

Delpino, R. Hochschulbildung: das neue Profil des Kurskoordinators. Lateinamerikanisches Treffen zur wissenschaftlichen Initiierung (2008).

Dischinger, M., Machado, R. (2006). Entwicklung von Maßnahmen zur Schaffung barrierefreier

Schulräume: Inklusion. Zeitschrift für Sonderpädagogik. Sekretariat für Sonderpädagogik. Brasilia: SEE, v.1, n.1, S.14-17.

Feijó, A. R. A. O. (2009). Verfassungsrecht auf Zugänglichkeit für Menschen mit Behinderungen oder eingeschränkter Mobilität.

Fernandes, R. C. A. (2012). Koordinierung von Studiengängen: von der öffentlichen Politik zum institutionellen Management.

Figueiredo, R. V. A. (2009). Frühkindliche Bildung und schulische Inklusion. Heterogenität, Kultur und Bildung. Brasilianische Zeitschrift für Bildung. Brasilia: SEE, v.15, n.1, S.121-140, jan.-abr.

Garghetti, F. C.,Medeiros, J. G.,Nuernberg, A. H. (2013). Eine kurze Geschichte der geistigen Behinderung.Revista Electrónica de Investigación y Docencia (REID), n. 10,.

Institut für Bildungsstudien und -forschung (2013). Sinopses Statistik der Hochschulbildung - Abschluss. Verfügbar unter:< http://portal.inep.gov.br/superiorcensosuperior-sinopse>. Accessed on 07 Sep, 2016.

Lamônica, D. A. C. (2008). Barrierefreiheit im universitären Umfeld: Identifizierung von architektonischen Barrieren auf dem USP-Campus in Bauru. Rev. Bras. Educ. Espec. v.14, n.2, S. 177-188.

Loch, M. V. (2007). Konvergenz zwischen räumlicher Zugänglichkeit von Schulen, konstruktivistischer Pädagogik und integrativen Schulen. 269 Seiten. Dissertation (PhD in Produktionstechnik) - Postgraduiertenprogramm in Produktionstechnik, UFSC, Florianópolis.

Loureiro, B. R. C. (2011). Neoliberale Bildungsreform: eine politische Analyse der Gewährung von Leistungsprämien (2007-2010) durch die Regierung José Serra an Lehrer im Netz des Bundesstaates São Paulo.

Machado, D. S. (2009). Verringerung von Zahlungsausfällen im Bildungssektor: Effektive Politiken und Strategien, die funktionieren. 2 ed.

Magalhaes, E. A. (2010). Die Kosten der Grundausbildung in föderalen Einrichtungen: der Fall der föderalen Universität von Viçosa. Revista de Administraçao Pùblica, v. 44, n. 3, S. 637-666,.

Marins, J. T. M.; Neves, M. B. E. (2013). Kreditausfälle und der Konjunkturzyklus: eine Untersuchung der Beziehung auf dem brasilianischen Markt für Unternehmenskredite. Brasilia: Central Bank of Brazil-Department of Studies and Research.

Martins, E. (2003). Kostenrechnung. 9. Auflage. Sao Paulo: Atlas.

Mastella, A. S., &Dos Reis, E. A. (2008). Führungskräfte von Hochschuleinrichtungen und die

Entwicklung von Führungskompetenzen.

Mazzotta, M. J. S. (1996).Special Education in Brazil: History and Public Policy. Sao Paulo: Cortez.

Mendes, A. B. (2009).Evaluation der Zugänglichkeitsbedingungen für sehbehinderte Menschen in Gebäuden in Brasilia - Fallstudien. Dissertation (Master-Abschluss in Architektur und Städtebau). Fakultät für Architektur und Städtebau. Universität von Brasilia. Brasilia: DF.288 S.

Mendes, E.G. (2006).Die Radikalisierung der Debatte über schulische Integration in Brasilien. RevistaBrasileira de Educaçao. v. 11 n. 33 sep./dec.

Mendes, E. G. (2011). Eine kurze Geschichte der Sonderpädagogik in Brasilien. Revista Educación y Pedagogia, v. 22, n. 57, S. 93-109.

Milone, G. (2009). Allgemeine und angewandte Statistik. Sao Paulo: Centage Learning. ISBN 85221-0339-9. Kapitel 12.

Moraes, R. (2004). Ein neuer Blick auf die Stadt. Die Rolle der Gemeinde bei der Zugänglichkeit. Recife, S. 5.

Nascimento, R. P. (2009): Vorbereitung von Lehrern auf die Förderung der Integration von Schülern mit sonderpädagogischem Förderbedarf.

O'Sullivan, S. B.; Schmitz, T. J. (2010) Physiotherapie: Beurteilung und Behandlung. 5ª .ed. Sao Paulo: Manole.

Odorico, O. B. (2015). Mögliche Konflikte in der Gesetzgebung zur inklusiven Bildung in ihren normativen Aspekten und die Verwirklichung des Grundrechts auf Bildung für Schüler mit geistiger Behinderung im staatlichen Schulsystem in Cacoal-RO.

Perez Júnior, J.; Oliveira, L.; Costa, R. (2001).Gestao Estratégica de Custos. Sao Paulo: Atlas.

Perez, J. H. (2008). Gestao Estratégica de Custos, 5ª Ed. Sao Paulo: Atlas.

Prado, A. R. (2001).Unidades de Politicas Pùblicas. Municipioacessivelaocidadao. Sao Paulo,

Prodanov, C. C.; De Freitas, E. C. (2013). Metodologia do Trabalho Cientifico: Métodos e Técnicas da Pesquisa e do Trabalho Acadêmico-2a Ediçao. EditoraFeevale,

Rodrigues, A. (2011). BNDES macht Fortschritte bei Unternehmensfusionen. Verfügbar unter: Zugriff am: 18. Sep. 2016.

Sabbag, E.M. (2009). Handbuch Steuerrecht. D Ed. Sao Paulo: Saraiva.

Silveira, S. F. R; Reis W.V. (2010).Custo do ensino de graduaçao em instituições federais de ensino superior: o caso da Universidade Federal de Viçosa. Rap - Rio de Janeiro, v. 44, n. 3, p. 637-66,

Silveira, D. T.; Córdova, F.P. (2009). Einheit 2-Wissenschaftliche Forschung. Forschungsmethoden, V. 1.

Siqueira, A. D. (2011). Steuerverwaltung. Revista CEPPG-CESUC-Centro de Ensino Superior de Catalao-ISSN, S. 1517-8471.

Siviero, A. L. P. A (2009). Bedeutung des Kostenmanagements als Instrument der Wettbewerbsfähigkeit in Hochschuleinrichtungen: eine Fallstudie am Euripides Universitätszentrum von Marilia-Univem.

Soares, L. H. (2013). Management von Bildungseinrichtungen: Private Hochschulbildung und die neuen Parameter der Nachhaltigkeit. Universitas. Gestao e Tecnologia, v. 3, n. 2.

Soares, O. J. M. (2014). An der Spitze des Bleistifts: eine Studie über die Methodik zur Berechnung des aktuellen Kosten/Studentenäquivalent-Index an der Bundesuniversität von Pernambuco.

Tanaka, O. Y.; Melo, C. (2001). Evaluation of Adolescent Health Programmes - a way of doing it Kapitel IV. Sao Paulo: Edusp.

Teixeira, E. B. A. (2003). Datenanalyse in der wissenschaftlichen Forschung: Bedeutung und Herausforderungen in Organisationsstudien. Desenvolvimento em Questao, v. 1, n. 2, S. 177-201.

ANHÄNGE

ANHANG A

QUESTIONNAIRE

IDENTIFIZIERUNG

Organisation/Einrichtung:

Einheit: Name:

1. Kreuzen Sie bei dieser Aussage die Alternative an, die Sie Ihrer Meinung nach als Manager für richtig halten. "Die Hochschuleinrichtungen müssen sich der wichtigen Herausforderung der Zugänglichkeit stellen".

(1) Stimmt überhaupt nicht zu

(2) Ich stimme nicht zu

(3) Ich stimme weder zu noch widerspreche ich

(4) Nach

(5) Völlig einverstanden

2. Die Schwierigkeit, Ihre Einheit so anzupassen, dass sie für Menschen mit Behinderungen oder eingeschränkter Mobilität voll zugänglich ist, hängt mit den hohen Anforderungen der Zugänglichkeitsvorschriften zusammen:

(1) Stimmt überhaupt nicht zu

(2) Ich stimme nicht zu

(3) Ich stimme weder zu noch widerspreche ich

(4) Nach

(5) Völlig einverstanden

3. Beabsichtigt die Hochschuleinrichtung, Anpassungen für Studierende mit besonderen pädagogischen Bedürfnissen und eingeschränkter Mobilität (Rollstuhlfahrer) vorzunehmen?

(1) Stimmt überhaupt nicht zu

(2) Ich stimme nicht zu

(3) Ich stimme weder zu noch widerspreche ich

(4) Nach

(5)   Völlig einverstanden

4.   Als Manager ist Ihre Hochschuleinrichtung auf Studierende mit besonderen pädagogischen Bedürfnissen und eingeschränkter Mobilität (Rollstuhlfahrer) eingestellt.

(1)   Stimmt überhaupt nicht zu

(2)   Ich stimme nicht zu

(3)   Ich stimme weder zu noch widerspreche ich

(4)   Nach

(5)   Völlig einverstanden

5.   Es wird auch viel über die Integration von Menschen mit Behinderungen gesprochen. Gibt es einen Unterschied zwischen Inklusion und Integration?

(1)   Stimmt überhaupt nicht zu

(2)   Ich stimme nicht zu

(3)   Ich stimme weder zu noch widerspreche ich

(4)   Nach

(5)   Völlig einverstanden

(6)   Ist Ihr Lehrerteam in Ihrer Einrichtung auf den Prozess der Integration vorbereitet?

(1)   Stimmt überhaupt nicht zu

(2)   Ich stimme nicht zu

(3)   Ich stimme weder zu noch widerspreche ich

(4)   Nach

(5)   Völlig einverstanden

7.   Der Widerstand gegen eine wirksame Inklusion in der Hochschulbildung zeigt sich in den Klassen von Studierenden und Lehrkräften.

(1)   Stimmt überhaupt nicht zu

(2)   Ich stimme nicht zu

(3)   Ich stimme weder zu noch widerspreche ich

(4)   Nach

(5)   Völlig einverstanden

8. Sind Sie der Meinung, dass Klassen mit behinderten Schülern kleiner sein sollten?

(1) Stimmt überhaupt nicht zu

(2) Ich stimme nicht zu

(3) Ich stimme weder zu noch widerspreche ich

(4) Nach

(5) Völlig einverstanden

9. Als Manager halten Sie das derzeitige Ausfallkontrollsystem für sehr effizient, da es keine Ressourcen für die Wiederherstellung von Ausfällen benötigt:

(1) Stimmt überhaupt nicht zu

(2) Ich stimme nicht zu

(3) Ich stimme weder zu noch widerspreche ich

(4) Nach

(5) Völlig einverstanden

10. Zu den Alternativen, die zur Verbesserung der Krediteintreibung beitragen können, gehören die Einstellung von Mitarbeitern, die ausschließlich mit der Eintreibung von Krediten betraut sind, sowie das Angebot von Ratenzahlungen und Rabatten für die Begleichung der Schulden.

(1) Stimmt überhaupt nicht zu

(2) Ich stimme nicht zu

(3) Ich stimme weder zu noch widerspreche ich

(4) Nach

(5) Völlig einverstanden

ANHANG B

Manager	Q-1	Q-2	Q-3	Q-4	Q-5	Q-6	Q-7	Q-8	Q-9	Q-10
G1	5	2	5	2	5	2	2	5	1	5
G2	3	2	5	2	5	2	I	5	3	3
G3	3	4	5	3	4	4	3	5	I	5
G4	3	3	5	2	3	3	3	5	4	3
G5	4	3	5	2	5	2	3	5	I	3
G6	5	2	4	2	4	3	3	I	2	5
G7	5	2	4	3	5	3	4	5	2	5
G8	5	I	2	2	2	2	I	2	4	3
G9	4	5	5	4	3	5	I	I	2	4
G10	5	3	3	3	2	I	2	5	3	3
G11	5	3	5	I	5	I	4	5	I	5
G12	4	3	I	I	4	I	2	5	2	5
G13	5	3	5	2	5	3	3	5	I	4
G14	5	2	2	2	5	2	2	4	2	2
G15	4	5	4	4	4	3	2	I	I	5
G16	4	3	2	2	4	2	2	4	2	5
G17	4	I	4	I	I	I	I	I	2	4
G18	5	I	4	2	4	2	2	4	2	4
G19	5	3	5	2	5	3	3	5	I	4
G20	5	3	5	2	5	3	I	3	2	4

70

Milton Keynes UK
Ingram Content Group UK Ltd.
UKHW020847290324
440175UK00001B/270